太姥民间文书

张先清　吕珊珊　编著

福鼎文史·太姥文化研究资料丛刊

厦门大学出版社
XIAMEN UNIVERSITY PRESS
国家一级出版社
全国百佳图书出版单位

图书在版编目(CIP)数据

太姥民间文书/张先清,吕珊珊编著.—厦门:厦门大学出版社,2018.11
(福鼎文史·太姥文化研究资料丛刊)
ISBN 978-7-5615-7216-0

Ⅰ.①太… Ⅱ.①张…②吕… Ⅲ.①契约—文书—研究—福鼎 Ⅳ.①D927.574.36

中国版本图书馆 CIP 数据核字(2018)第 268568 号

出 版 人	郑文礼
责任编辑	薛鹏志
封面设计	李嘉彬
技术编辑	朱　楷

出版发行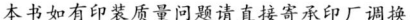

社　　址	厦门市软件园二期望海路 39 号
邮政编码	361008
总 编 办	0592-2182177　0592-2181406(传真)
营销中心	0592-2184458　0592-2181365
网　　址	http://www.xmupress.com
邮　　箱	xmup@xmupress.com
印　　刷	厦门集大印刷厂

开本	720 mm×1 000 mm　1/16
印张	13.5
插页	2
字数	220 千字
印数	1~3 000 册
版次	2018 年 11 月第 1 版
印次	2018 年 11 月第 1 次印刷
定价	54.00 元

本书如有印装质量问题请直接寄承印厂调换

厦门大学出版社
微信二维码

厦门大学出版社
微博二维码

福鼎市政协·福鼎文史

太姥文化研究资料丛刊
编委会

主　任：李绍美　叶梅生

副主任：丁一芸　曾庆游

成　员：赖百曲　杨雪晶　白荣敏　狄　民
　　　　郑　坚

主　编：张先清

副主编：白荣敏

总　序

太姥文化作为中国地域文化形态之一，具有十分丰富的文化内涵，值得深入考察。众所周知，要切实推进一种地域文化的研究，关键是必须打下坚实的资料基础。近人梁启超在谈到史料对于史学研究的重要性时，就曾形象地把史料喻为"史之组织细胞"，认为"史料不具或不确，则无复史之可言"，由此可见资料对于学术研究而言不啻清渠活水。脱离了扎实的资料搜集与整理工作，其研究则无异于无源之水，无本之木。因此，推动太姥文化研究的当务之急是充分挖掘太姥文化区的资料蕴藏，这也是我们编辑这套资料研究丛刊的主要原因。

毫无疑问，历经数千年积淀所形成的太姥文化研究资料是十分丰富多样的，大体而言主要有如下三大类：首先是文书档案类资料，包括历代档案、方志文集、报刊文录、宗族谱牒、歌册笔记、碑铭图像、民间契约等，可以说，留存在福鼎地区的这一类别资料数量众多，有些还是相当稀见的珍品。其次是民族志记录资料。这部分资料主要指的是田野调查中所访谈到的各种文化现象的记录，诸如戏曲传说、民俗歌谣、信仰仪式、生产技艺等各种非物质文化遗产的口述与观察所得。第三种是物质文化资料，这主要指的是诸如考古遗址、古村落、古建筑、民俗文物等物质文化遗存。以上三大类别的资料，是支撑太姥文化研究迈向深入的重要基石，也是我们塑造太姥文化高地取之不尽的宝库。

接下来的数年时间里，我们计划持续不断地推出八辑《太姥文化研究资料丛刊》，第一辑是太姥诗文集专辑、第二辑是石刻文书专辑、第三辑是族谱文献专辑、第四辑是契约文书专辑、第五辑是宗教文献专辑、第六辑是族群文献专辑、第七辑是档案文献专辑、第八辑是史料汇释专辑。我们拟从历史学、人类学、民俗学、宗教学、考古学等相关领域角度,针对太姥文化区的文化资源进行全面系统的发掘、整理与出版,从而达到抢救濒临消失的地域文化遗产、探索整理地域文化资源有效途径等目的。

  太姥文化研究资料的搜集与整理,是一项十分繁重的文化工程,然而,其意义也是不言而喻的,它不仅能够最大限度地保存本地区的档案文献与历史记忆,留住文化乡愁,同时也必将促进太姥文化学术研究的资料积累、提升地域文化形象。正是基于这种认识高度,福鼎市政协的各位领导独具慧眼,热心支持这套文史资料丛书的编纂与出版,尤其是市政协原主席叶梅生、现任主席李绍美,副主席丁一芸,原秘书长张开潮、现任曾庆游秘书长,杨雪晶、赖百曲主任等人,在资料丛书的主题设计、编辑整理、出版过程中,都提出了宝贵的意见,付出了许多心血。地域文化的研究,需要更多像他们这样的有心人,因此,我们诚恳地盼望来自社会各界人士的大力支持。

张先清
2018 年 9 月

前　言

　　民间契约文书是一种重要的民间文献,是民间社会的法律文件和私家档案,是私文书中的一个重要门类。契约文书对于研究社会制度及地方社会经济文化变迁起着重要的作用,被视为是继敦煌、吐鲁番文书之外的又一种文献资料宝库。我国各地存在着大量的民间契约文书,其中如徽州契约文书、清水江契约文书等已经引起了广大研究者的注意,极大地推动了中国社会经济史及地方社会文化的研究。福建也是民间契约文书的大省,早在民国时期,著名历史学家傅衣凌先生就在福建省永安县黄历乡发现了一箱自明嘉靖年间至光绪年间的契约文书,傅先生借此撰写了名著《福建佃农经济史丛考》①一书,开创了社会经济史学派民间契约研究的传统。此后,福建师范大学和厦门大学历史系继续在福建各地搜集了大量契约文书。20世纪80年代,《中国社会经济史研究》刊物整理公布了大量福建各地的契约,从1986年至1988年,此刊曾经连载了十一期《明清福建社会经济史料杂抄》②。此后,约900件闽南民间契约集中发表在该刊1990年的增刊上,当时公布的闽南地区民间契约涉及福建省晋江、泉州、南安、永春、德化、安溪、惠安、同安、厦门、龙溪、海澄、华安、云霄等13个闽南县市③。随着大批福建契约文书公之于众,一批学者围绕民间契约所涉及的各类议题也展开了深入的研究,如杨国桢先生从体系化角度针对土地契约文书进行探讨,分析论证了明清土地制度和契约关系的发展、从永佃权到"一田二主"等重要问题。④ 林祥瑞先生则根据福建民间契约文书对地主经济的经营方式以及

---

①　参见傅衣凌:《福建佃农经济史丛考》,私立福建协和大学中国文化研究会,1944年。
②　参见傅衣凌、陈支平:《明清福建社会经济史料杂抄(续一～续十)》《中国社会经济史研究》1986年第1期～1988年第3期。
③　参见杨国桢:《闽南契约文书综录》,《中国社会经济史研究》1990年增刊。
④　参见杨国桢:《明清土地契约文书研究》,北京:人民出版社,1988年。

永佃权等方面进行了详细的研究。①此外,陈支平先生②、唐文基先生③、王日根先生④、周玉英⑤等都在福建民间契约文书搜集、整理与研究方面,做出了十分重要的贡献。

在上述明清以来福建契约文书的整理研究过程中,受到学术界普遍重视的契约文书主要集中在闽北、闽南与闽中地区,相较而言,闽东地区的民间契约则较少为人关注。实际上,闽东地区同样存在着数量众多的民间契约文书。近年来,我们在闽东福鼎地区开展田野调查过程中,就搜集到了一批近代民间契约文书。这些契约文书记载了明清以来当地乡村日常生活中发生的种种反映社会、经济、文化变迁的历史事实,十分有助于我们理解近代以来政治、经济、法律制度在基层社会的运作实践。本编选取其中有代表性的三个家族所藏的一批民间契约文书进行整理,并在此基础上结合族谱文献、田野访谈等资料,进一步分析契约中呈现的太姥文化区的社会经济文化发展状况。

需要说明的是,由于契约文书多为民间手写,书手教育程度不一,因此文献中往往会出现较多误字、漏字、衍字、俗字及简写、异体字等,在整理过程中,为了最大限度保存文书原貌,我们只在文中略作校注。例如,对于原文中无法识别之处,我们标以"□"号;对于文书中涉及的相关标注,我们也适当采用文字方式加以说明,如契尾中立契人、中人、代笔者签名处常带有花押,我们统一以"画押"字样标出。此外,文书中的所有标题均由整理者根据文书内容参酌拟定。

---

① 参见林祥瑞:《福建永佃权成因的初步考察》,《中国史研究》1982年第2期;林祥瑞:《清代前期福建地主经济的若干特点》,《历史研究》1985年第1期;林祥瑞:《永佃权与福建农业资本主义萌芽》,《中国史研究》1985年第2期。

② 参见陈支平主编:《福建民间文书》,桂林:广西师范大学出版社,2007年。

③ 参见福建师范大学历史系编:《明清福建经济契约文书选辑》,福州:福建人民出版社,1997年。

④ 参见王日根:《清至民国建瓯土地契约文书中的经济关系探微》,《中国经济史研究》1990年第3期。

⑤ 参见周玉英:《从文契看明清福建土地典卖》,《中国史研究》1999年第2期;周玉英:《从清代福建土地典卖看农村阶级关系》,《福建师范大学学报》1992年第3期。

目　录

上　编　民间契约与福鼎乡土社会

一、三个家族的契约文书 …………………………………… 2
二、契约所见经济活动 ………………………………………… 8
三、契约所见社会习俗 ……………………………………… 25

下　编　民间契约文书整理

一、赤溪契约 ………………………………………………… 38
二、潋城契约 ………………………………………………… 87
三、贯岭契约 ………………………………………………… 134

参考文献 …………………………………………………… 201
后　　记 …………………………………………………… 204

上编

民间契约与福鼎乡土社会

一、三个家族的契约文书

在开展太姥文化研究的田野调查过程中,我们发现了一批收藏在民间的明清以来的契约文书。其中以赤溪杜家文书、潋城杨家文书、贯岭李家文书最为典型,不仅因为其保存完整,时间连贯,而且基本上都属于一个家族,呈现出归户性、系统性与完整性的特征,十分有助于认识上述家族组织的成长及太姥山区域社会经济变动与习俗文化状况。

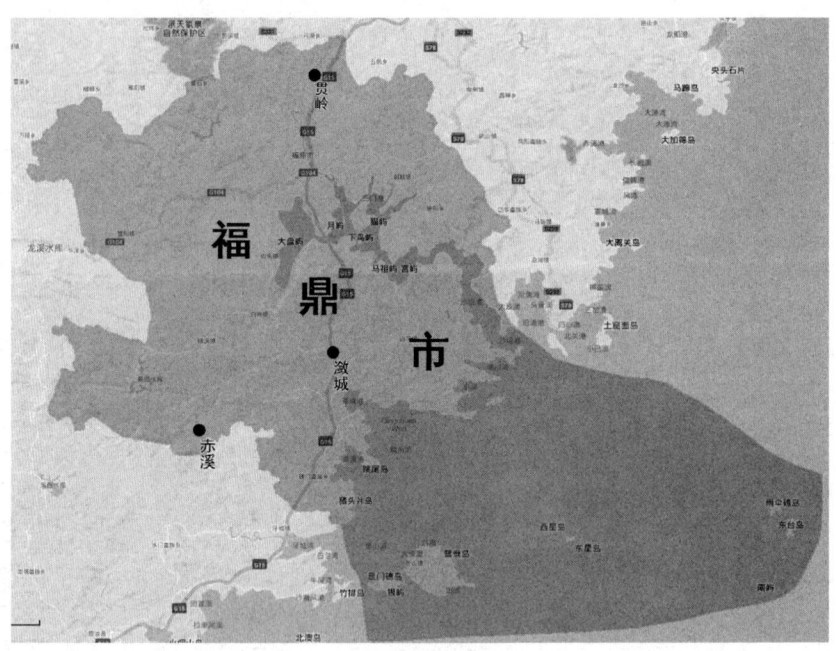

图 1-1　福鼎市地图

经过整理,上述三个家族民间文书的基本情况可以综合成如下三个表格加以介绍。

(一)赤溪杜家文书

赤溪村位于福鼎市西南部磻溪镇的东南部,与霞浦相毗邻。磻溪镇在清初属福宁州劝儒乡望海里九都,福鼎置县后为福鼎县十三都,民国初为磻溪区,1993年2月成立磻溪镇。① 赤溪村是磻溪镇其中的一个移民村,以中国扶贫第一村而知名,清代与民国时期名漆溪,②故在杜家契约中频繁出现的"漆溪"一词或即为赤溪。现有的赤溪杜家文书一共25份,时间跨越雍正、嘉庆、道光、咸丰、同治、光绪、民国年间,内容主要为田地、山林、房屋买卖契据。其中涉及田地买卖的有5份,涉及山林果园买卖的5份,涉及房屋买卖的有12份,此外,还有两份是支出的凭票,以及一张福建国税厅给发的断卖契单。

表 1-1　赤溪杜家文书表

序号	名　　称	时　　间
	赤溪契约	
1	吴振辉卖田契	雍正五年(1827)二月
2	杜开梅卖竹林契	嘉庆二十一年(1816)七月
3	杜为起、杜为水卖竹林契	道光十三年(1833)十二月
4	杜为岸卖山契	道光十四年(1834)十月
5	杜为彦卖田契	道光十九年(1839)十二月
6	杜延侨卖屋契	咸丰十一年(1861)九月
7	杜邦周付田契	同治元年(1862)十一月
8	杜延侨卖屋契	同治二年(1863)十二月
9	杜延侨卖屋契	同治二年(1863)十二月
10	杜延侨屋宇课批	同治五年(1866)十二月
11	杜延侨屋宇课批	同治十一年(1872)十二月

---

① 福鼎县地方志编纂委员会编:《福鼎县志》,福州:海风出版社,2003年,第74页。
② 福鼎县地方志编纂委员会编:《福鼎县志》,福州:海风出版社,2003年,第56、61页。

续表

序号	名　称	时　间
12	杜延侨卖屋契	同治十一年(1872)十二月
13	杜步兴卖屋契	光绪二十一年(1895)十一月
14	杜百埕苗田实收字	光绪二十一年(1895)十二月
15	杜百埕卖田契	光绪二十三年(1897)十二月
16	杜步音卖屋契	光绪二十四年(1898)一月
17	杜百坑卖山契	宣统三年(1911)三月
18	断卖契单	民国四年(1915)六月
19	杜百魁卖屋契	民国十四年(1925)八月
20	杜步钗凭票	民国十八年(1929)十二月
21	杜延古卖屋契	民国二十二年(1933)八月
22	杜承金拨租票	民国二十二年(1933)十月
23	杜春生立卖断契	民国二十四年(1935)年十二月
24	杜步城山场合同	民国三十五年(1946)二月
25	杜步苏卖屋契	民国三十七年(1948)十二月

(二)潋城杨家文书

　　潋城村位于福鼎市太姥山镇西北方。太姥山镇原名秦屿镇,原属福宁州劝儒乡望海里十都,清代乾隆四年福鼎置县后为福鼎县七都,民国初为秦屿区,1987年设秦屿镇。① 潋城为明朝嘉靖年间当地叶、杨、王、刘等姓五分段兴筑。② 旧为乡堡,清代属九都冷城,民国时期属秦屿镇冷城,故在杨家契约中出现的"冷城"一词即为潋城。根据《潋溪弘农杨氏族谱》记载,杨家开基祖是由建邑浦城徙居长溪之潋村。③ 上述潋城兴筑过程中参与的杨姓即为此文书所反映的杨家。现有的潋城杨家文书一共24份,时间跨雍正、嘉庆、道光、同治、光绪、宣统、民国至1952年,内容同为山林、房屋等买卖契

---

① 福鼎县地方志编纂委员会编:《福鼎县志》,福州:海风出版社,2003年,第70页。
② 谭抡编:嘉庆《福鼎县志》卷一,《疆域》,嘉庆十一年刊本。
③ 《杨氏族谱》,1984年修。

据。其中涉及田地买卖有7份,山林果园买卖契约5份,涉及房屋买卖的有5份。此外,还有一份阄书,一份墓地买卖契据,一份土地房产所有证,一份民国公债证明书,一份私人田地信息登记以及两份民国政府给发的卖契。

表1-2 潋城杨家文书表

序号	名　　称	时　　间
潋城契约		
1	杨若享卖屋契	雍正元年(1723)四月
2	杨绍贤卖屋契	嘉庆三年(1798)十二月
3	杨阿应卖屋契	道光十年(1830)十二月
4	平、心房阄书	同治二年(1863)十二月
5	黄昌辉、黄昌化、黄昌荀卖地基契	同治四年(1865)四月
6	周志恒田地脱断批	同治八年(1869)十二月
7	杨季诗卖吉地契	同治十二年(1873)十月
8	杨阿古熟园根批	光绪六年(1880)十一月
9	王步福典屋契	光绪十二年(1886)二月
10	杨茂顶房屋根批	光绪十四年(1888)十二月
11	杨茂集苗田加当契	光绪二十三年(1897)十二月
12	王步云卖熟园契	宣统二年(1910)十二月
13	梁池古卖田契	民国十年(1921)十二月
14	江修泽、江修珍卖田契	民国十八年(1929)十二月
15	卖契	民国十九年(1930)四月
16	卖契	民国二十年(1931)五月
17	证明书	民国二十七年(1938)
18	杨德忠卖熟园契	民国二十八年(1939)七月
19	谢友竹、谢友求卖熟园契	民国二十九年(1940)十二月
20	叶开兴卖田契	民国三十年(1941)
21	杨宗昭典园契	民国三十四年(1945)十二月
22	叶开森典田契	民国三十七年(1948)十二月
23	土地房产所有证	1952年4月
24	彭坑村过户单	时间不详

（三）贯岭李家文书

贯岭镇位于福鼎县北部，清初属福宁州劝儒乡廉江里十八都，福鼎置县后，为福鼎县十八都，民国初属桐山区，1952年5月成立贯岭区，1992年12月改为贯岭镇。① 现有的贯岭李家文书共34份，时间从嘉庆、道光、咸丰、同治、光绪、民国到1952年，内容包括山林、房屋、田地买卖。其中涉及田地买卖有7份，山林果园买卖有9份，房屋买卖有11份，另外还有4份田地租佃契约，一份墓地买卖契据，两份1952年颁发的土地房产所有证。

表1-3 贯岭李家文书表

序号	名　　称	时　　间
贯岭契约		
1	曰昆卖田契	嘉庆十三年(1808)十二月
2	李曰镇卖竹山契	道光八年(1828)十月
3	李曰盾卖屋契	道光九年(1829)八月
4	李式雁卖屋契	道光九年(1829)十二月
5	李锡欣卖屋契	道光十一年(1831)十二月
6	李锡冬卖屋契	道光二十六年(1846)八月
7	李锡座当田契	道光三十年(1850)十二月
8	周阿西卖风水契	咸丰元年(1851)十二月
9	李式意卖山契	咸丰二年(1852)十一月
10	李锡座卖田契	咸丰三年(1853)春月
11	李式铨卖山契	咸丰三年(1853)五月
12	李曰怀卖屋契	咸丰七年(1857)十二月
13	李锡子卖地基契	咸丰九年(1859)八月
14	李锡驾卖屋契	咸丰十一年(1861)十二月
15	李曰等卖茶园契	同治元年(1862)八月
16	李锡驾卖茶园契	同治元年(1862)十二月
17	李曰顶卖茶园契	同治元年(1862)十二月

---

① 福鼎县地方志编纂委员会编：《福鼎县志》，福州：海风出版社，2003年，第75页。

续表

序号	名　　称	时　　间
18	李日快卖烟寮契	同治二年(1863)九月
19	李日等当厝契	同治二年(1863)十二月
20	李日火当田契	同治七年(1868)十二月
21	李仪夏卖屋契	同治十一年(1872)十二月
22	李锡札立寄佃契	光绪二年(1876)十二月
23	李仪导卖茶园契	光绪五年(1879)十二月
24	李仪番卖田契	光绪十年(1884)十二月
25	李式浚卖屋契	光绪十三年(1887)十二月
26	李仪番卖山契	光绪十三年(1887)十二月
27	李式梱脱田契	光绪十四年(1888)十二月
28	李仪缪寄佃契	光绪二十三年(1897)十二月
29	李仪面当厝契	光绪二十八年(1902)
30	李绍坎寄田契	民国七年(1918)十二月
31	李绍坎脱退断佃契	民国八年(1919)五月
32	李绍叠当山契	民国十六年(1927)十二月
33	土地房产所有证	1952年3月
34	土地房产所有证	1952年3月

这三个家族契约文书共计83份,我们将这部分契约文书按照来源家族制成以上三个表格,以便读者查阅,表中契约名称多为笔者根据内容自拟而成。此外,表中的契约按照时间顺序排列,时间不详者均列于最后。

二、契约所见经济活动

契约文书最直接反映的是财产买卖行为,通过第一章对三个家族契约文书概况的介绍,我们能够发现三个家族的契约主要为土地、山林、房屋买卖契据。文书整体分为两类:红契与白契。白契是民间双方自立文契,未经官府盖印,不需缴纳税费,属私人文书类别。红契是把契纸给官府审阅,交纳税费,盖官印,有时也装订粘贴契尾,属于公文书契。这些契据可以用来探讨农村社会的契约关系、所有权的演变等问题。接下来我们将选择部分契约文书,从土地流转、房屋典卖、山林典卖三个层面来探讨该地区的经济活动。

(一)土地流转

在乡村生活中,土地与人们的关系十分密切,人们在土地上耕作、居住、生活,因此土地成为人们主要的财产之一,买卖、租赁土地也就成为社会中很重要的经济课题,而地契记载了这样的过程。按照类别细分,私人文书类别包含"立卖断契"、"立付约字"、"立实约字"、"立脱断批"、"立当契"、"立典契"、"立脱契"、"立寄佃字"、"立寄契"等,公文书契有"卖契"、"土地房产所有证"、"断卖契单"等。

1. 立卖断契

表 2-4 立卖断契表

序号	名称	时间	坐落	土名	受种	价银	买卖缘由	承买人
1	吴振辉卖田契	雍正五年(1727)二月	漆溪	坑头里	3斛	1两5钱	乏用	杜可游
2	杜为彦卖田契	道光十九年(1839)十二月	后田	半山烘坑	2箩5斗	正库镜纹银65两(16元)	乏用	杜必举
3	李日昆卖田契	嘉庆十三年(1808)十二月	茗洋	上庄尾黄泥岗尾连坡		12千文	无钱应用	杜百考
4	李锡座卖田契	咸丰三年(1853)春月	茗垟	企坑		4700文		杨传党
5	黄昌辉、黄昌化、黄昌荀卖地基契	同治四年(1865)四月	潋城城内庆云境	下仓		11千文	乏用	杨资忠杨资魁
6	李仪番卖田契	光绪十年(1884)十二月	茗垟	垟头长坪顶		12□	缺钱应用	杨传党
7	杜百埕卖田契	光绪二十三年(1897)十二月	漆溪	坑头里	4斛	纹广银20两	乏用	杨加德
8	梁池古卖田契	民国十年(1921)十二月	洋源	仙宫洋	4斗	40圆	乏用	叔
9	江修泽、江修珍卖田契	民国十八年(1929)十二月	潋城	横塘浿边	3斗	48圆	乏用	李日火

续表

序号	名称	时间	坐落	土名	受种	价银	买卖缘由	承买人
10	叶开兴卖田契	民国三十年(1941)	潋城	青石桥	3斗5升		乏用	李锡条

立卖断契共10件,时间最早的是雍正五年(1727年),最晚为民国三十年(1941年)。立卖断契表明的是一种绝卖行为,下面是一张出自潋城杨家同治四年(1865年)的卖田契,但为杨家从他人手中购置田产的契约:

  立卖断契日昆,父置苗田壹号,坐落十九茗洋,土名上庄尾黄泥岗尾连垵安着,阄分名下己业田乙斗三管。今因无钱应用,托中长兄永助送卖侄田,买叔边管业,永余三面言定。古(估)得价钱壹拾贰千文正,即日随契亲收完讫。其田任从叔边管业,侄边不敢异言。未卖日先实系清白物业,亦无与重张典挂以及外内侄兄弟并无干涉等情。如有此情,侄边自行向前了改,不累叔边之事。既卖以后,价足心愿,永不敢言贴,再不敢言读(赎),永为侄边己业。此系两家心愿,各无反悔。今欲有凭,立卖断契,永远为照。

  嘉庆十三年十二月　　日
    立卖断契　日昆(画押)
  见契永窕(画押)　日号(画押)
    永助(画押)　日昌(画押)
        日分(画押)
  为中永助(画押)　日荣(画押)
        日昆(画押)
    亲笔　日昌(画押)

这张契属于民间自行订立的白契,契约首先说明此田为父手置,其次在中人的参与下确认标的物坐落处、土名、面积、买卖缘由、买主、价银;复次,说明买主权益并禁止回赎行为以及保证产权是独立的,即系卖主"亦无与重张典挂以及外内侄兄弟并无干涉";最后记录关系人、见证人、中介者、卖主名字及画押。其余田契格式大致如此,显示闽东地区民间土地交易到清代已经在一定程度上格式化。其中这些契约所含的经济因素有以下几点:(1)买卖缘由,此契买卖的原因为"乏用",根据笔者统计,此三家所有土地流转的契约,除未记载外,其余买卖缘由均为"乏用"、"无钱应用"、"乏用"等语。(2)土地面积,此契中的土地面积计量单位——乙斗三管,其他田契中也大量出现用"箩"、"斗"、"升"等粮食计量单位来标示,几乎没有用面积表示,说明土地的价值是与其所产出物的价值相联系的。这也与明清时期土地没有经常丈量,农民难以掌握土地面积的确切数字,所以以受种数代之有关。①(3)价银,田地价格受多种因素影响,此批契约因变量多,数量不够大,无法进行量化分析。(4)禁止追取加价行为,这与明清时期盛行的"找价"现象有关,根据民国时期的民事调查报告录显示,福建多数地区田地、房屋在移转过程中存在典卖之后再三找价而不绝卖者,②因此为防止此种现象恶化,在绝卖契据中明确规定"不得言贴言赎"等语。(5)出卖田地者必须明确列明财产系属卖主所有,"与他人无涉"、"与房内叔兄弟侄无干",无重复交易或典当,无债负准折。这在某种程度上是对买方权益的保障。

还有一张为黄家三兄弟卖地与杨资魁、杨资忠二人的契据:

<blockquote>
立卖断地基契黄昌辉同弟昌化、昌苟,原有叔公手己置地基一所,坐落九都漶城城内庆云境,土名下仓安着。四至具载契内,东至王家,西至王家地,南至杨家墙,北至金家大厅,前后对值中庭一半,其门楼井路任从杨金两姓通行外,又有右边余地壹片,四至开载,东至杨家墙,西至王家地,南至金家地,北至正屋厦值上后门安着。为因乏用,托中送卖断与杨资忠、杨资魁边为业。即日凭中面议,得出卖断时价铜钱壹拾壹千文正,随手亲收足讫,中间并俾准等情。地基未卖之先,不曾重典外人财物,亦于房分伯叔兄弟无涉。如有交加不明白,黄边自能向前了理,不累杨边之事。地基既卖断之后,任从杨边召佃、种作、收租、印税、管业,永为己产。即卖即断,向后时价不同,再不敢言及贴赎、另生枝节情弊。三面言定,各无反悔。今欲有凭,立卖断地基契,永为照者。

计开四至

同治四年四月　日
</blockquote>

---

① 福建师范大学历史系编:《明清福建经济契约文书选辑》,福州:福建人民出版社,1997年,第2页。

② 前南京国民政府司法行政部编,胡旭晟等点校:《民事习惯调查报告录》,北京:中国政法大学出版社,2000年,第295页。

　　　　　　立卖断地基契　　黄昌辉（画押）
　　　　　　　　见契胞弟　　昌化（画押）
　　　　　　　　　　　　　　昌荀（画押）
　　　　　　　　为中　　徐敬优（画押）
　　　　　　　　　　　　詹恒盛（画押）
　　　　　　　　代笔　　陈本英（画押）

　　杨资魁、杨资忠二人在此时向黄家三兄弟购买田地的原因除了单纯的置办产业外，还与同治二年（1863年）的分家行为有关。根据阄书记载，杨家的平、心二房在同治二年进行了分家。其中平房的杨毓麟生有四子：长子资乾，次子资忠，三子资云，四子资魁，其中资忠、资魁二人就是上述契约中向黄家购买田产的二人。此次的分家中，基本上是执行"诸子均分制"，但在田产的分配上，长子获得一份额外的田地，以及留了一部分田产作为公共祭田，由兄弟四人轮流耕作。分家事实上是一个财产分散的过程，一旦分家异爨，就必须独立经营自家的产业，那么随之而来的就是养家糊口的问题。且此次分家规定的"例年各房抽出租谷十担，以为平、心两房养膳"，也是兄弟四人的负担。因此置办田产是一种可持续性的投资行为，这也就可以解释为什么在分家的两年后会向黄家购买地基。

2. 立付约字

　　立付约字计1件，为同治元年（1862年）杜邦周将田地交付与杜邦庆耕种的保证。

3. 立实收字

　　立实收字计1件，为光绪二十三年（1897年）卖断土地收取田价后所立的字条，属收据性质，写明双方姓名、土地坐落、田价、立收字人、中人、代笔签字。值得注意的是，此契据中记载田价为"纹广银贰拾两正，折制时价伍钱，重过戥洋番壹佰壹拾员正"。纹广银、洋番银都是此批契约中常用的田价单位，以此可以作为研究晚清福建地区价银种类、兑换、比值的参考资料。

4. 立脱断批

　　立脱断批计1件，记载了同治八年（1869年）周志恒将田地脱断与杨茂顶，相当于一种田地绝卖行为。

5. 立典契

立典契计1件,为叶开森于民国三十七年(1948年)将田地典给杨家德的行为。典契与当契同为土地典当文书,是将土地典当给典主。其主要区别在于"典"意味着出典人需要将标的物交付承典人占有和使用,出典人到期只需归还本金即可赎回标的物。这一期间标的物的收益作为利息由承典人享有。而"当"则是通过抵押标的物获取典金,到期若出典人不能归还本利,则标的物归承典人所有。也就是说,在出当期间,原主对原土地仍有使用权、处分权,可以自种或召佃收租,实际上是活卖的一种形式①。

6. 立当契

立当契计4件。当契记载内容、格式与卖契大致相同,与卖契在格式上的差别主要在于当契会约定赎回权力。下面一张当契描述了杨茂集将田地当给灵峰寺的现象:

> 立加当契杨茂集,原有祖遗阄分己下苗田壹号,坐落九都潋城西门外,土名墩下安着,受种苗田贰斗正。为因谷银之用,情愿托中,将此苗田送加当与灵峰寺僧仕贵师边为业,凭中面议得出洋番伍两玖钱正,随手亲收足讫,中间并无俾算准折等情。本田未当之前,不曾典挂他人财物,此系己下嗣产,于别房份伯叔兄弟侄孙毫无干涉。如有交加不明,杨边自能了理,不累僧边之事。既加当之后,本田依前僧边收租管业。面约远近年间取赎之际,杨边备出本契并前契原价,依照契面银数赎回。若无银取赎,本田任凭僧边收租、批拨、管业,杨边不得霸阻异言情弊。至于秋条二粮,亦是杨边自己完纳,于僧边不干之事。三面言定,各无反悔,恐口无凭,立加当契乙纸为照者。
>
> 光绪丁酉年(1897年)十二月　日
>
> 立加当契　杨茂集(画押)
>
> 为中见　侄阿学(画押)
>
> 代笔　王集庭(画押)

契约中提到的灵峰寺位于潋城西侧,与潋城杨氏联系紧密。根据《杨氏

---

① 杨国桢:《明清土地契约文书研究》,北京:人民出版社,1988年,第42页。

族谱》记载:"灵峰寺坐西门外,唐咸通戊子年(868年),二世祖讳暄公舍基并建助田招僧。乾祐己酉(949年)被遭回禄。广顺二年(952年),志公创造茅庵。开宝庚午(970年),御史公讳仁谔同侄居稔、居省两公重建。历年久远,栋折榱崩,光绪甲申年(1884年),永登、永镜同谢大忠、叶世顺、僧士贵等捐资复建。兹乃焕然一新矣。"①由此可知,灵峰寺的修建过程都离不开杨氏族人的捐助。根据郑振满先生的研究,闽北地区的乡族组织往往会设立寺庙管理山林,僧侣实际上是乡族具有人身依附关系的佃户身份。② 明代以前,由于民间祭祖有诸多限制,闽北各族大多把祭产捐入各种寺庙庵宇,祭祖护墓与祭神拜佛同时并举。明清时期,族产逐渐从寺庙分离,只剩一些供僧人日常开支的"香灯田"。灵峰寺在建立之初很有可能就起到管理杨氏族产、祭祖护墓的作用,在族谱中也大量记载了杨氏族人葬于灵峰寺后山的事实。在光绪甲申年(1884年),杨氏族人永登、永镜与谢大忠、叶世顺和僧士贵一起重新修葺了灵峰寺。其中永登、永镜二人同为光绪年间修谱首事,可见其在族中的领导地位。另一位发起人之一僧士贵,正是此契约中的承当人,同时僧士贵也是此时灵峰寺住持的徒孙③。由此我们可以想象在1884年修葺庙宇后,士贵作为庙宇管理者在随后的日子里开始为寺庙置办一些产业,以供寺庙正常运行,而购买或承当一些土地进行耕种、召佃、收租则是那个时代非常明智的选择。

7. 立寄佃契

立寄佃契计3件,描述的是原主拥有田地耕作权,因缺钱应用,将田地寄与他人耕种,日后备出原价再回赎的行为。

8. 断卖契单

断卖契单计1件,为民国三年(1914年)杜必举土地交易完税证明书。民国三年(1914年),财政部公布契税条例施行细则,各省国税厅筹备处改

---

① 《杨氏族谱》,《杂志并引》,1984年修。
② 郑振满:《明清时期闽北乡族地主经济》,厦门大学硕士学位论文,1984年,第19页。
③ 《重建灵峰宝殿之记》,1901年刻,现存于潋城灵峰寺内。

为财政厅,是国家具备契税征税的正式法令与机关。① 此契载明应纳税银,并于交易投税后加盖"福鼎县印"红印,以明本案已完税。

9. 官方卖契

官方卖契共 2 件,此类卖契单据是政府新制度下的不动产交易完税证明书。下面是一张来自潋城杨家的民国十九年(1930 年)的盖有"福鼎县印"的官方卖契:

福字第玖□号完税银贰元捌角捌分

买主姓名:杨传党;坐落:九都;不动产种类:田;面积:陆斗;卖价:肆拾捌元;应纳税额:贰元捌角捌分;立契年月日:十八年十二月。

例则摘要:

一 不动产之买主或承典人,须于契纸成立后六个月以内,赴该管征收官署投税。

一 订立不动产买契或典契时,须由卖主或出典人赴该管征收官署填具申请书,请领契纸,缴纳契纸费大洋六角。前项之契纸领费贰角,由卖主与买主或出典人与承典人分担。

一 不动产卖主或出典人,请领契纸后已逾两月,其契约尚未成立,有原领契纸失其效力。但因有障碍,致契约不能成立时,得与限内赴征收官署,申明事由,酌予宽限。

一 原领契纸因遗失及其他事由,须补领或更换时,仍依第二项之规定,缴纳契纸费。

一 不动产之买主或承典人逾契约成立后六个月之期限,不依本条例缴纳契税者,除纳定章之税额外,并处以应纳税额之十倍罚金。

一 缴纳税额时,匿税契价者,除另换契纸,改正契约缴纳税额外,并处以左(下)列之罚金。

匿报契价十分之二以上,未满十分之三者,短缴纳税额之二倍。

匿报契价十分之三以上,未满十分之四者,短纳税额之四倍。

匿报契价十分之四以上,未满十分之五者,短纳缴费之八倍。

匿报契价十分之五以上者,短纳税额之十六倍,或由征税官署,依所报契价收买。

---

① 《高雄市立历史博物馆典藏专辑·文献篇:大地之约》,第 39 页。

一 契约成立后六个月之纳税期间,限于遵令官契纸者适用之。其私纸所书之契约,若事后不换写契纸,以逾限论。

一 卖主或出典人以私纸订立契约者,得由征税官署处以五元以上,五十元以下罚金。

一 逾限未税之契,诉讼时,无凭证之效力。

卖主:江修泽

中华民国十九年四月　日

以上契据是福建省内通行的卖契单据,内载买主、不动产种类、卖价、应纳税额、土地面积、立契年月日、坐落、例则摘要等内容。而这一次买卖行为之前已有一张私契记载江修泽将田地卖与杨传党,交易内容与上述官契是一致的。民国十七年(1928年),国民政府进行土地测量和登记,编制新的田粮税册,所有土地交易都需要契纸费与契税。

10. 土地房产所有证

土地房产所有证共3件,是1952年福鼎县人民政府根据《中华人民共和国土地改革法》第三十条"土地改革完成后,由人民政府发给土地所有证"之规定,对私人产业进行登记后颁发的凭证。证内详细记录了土地/房产的坐落、种类/间数、地名、亩数、四至与长宽尺度。

(二)房屋典卖

在传统时代,房屋作为不动产的一种,在晚清、民国时期也被频繁地交易。从这批闽东契约可见,相当部分是关于房产典卖的内容,由此可以判断,在近代闽东地区,房产交易行为在地方社会生活中是比较普遍。

1. 立卖断契

表1-5　立卖断契表

序号	名称	时间	坐落	土名	价银	买卖缘由	承买人
1	杨若享卖屋契	雍正元年(1723)四月	潋城横街	金盘里	纹广银120两	乏用	杨士聪

续表

序号	名称	时间	坐落	土名	价银	买卖缘由	承买人
2	杨绍贤卖屋契	嘉庆三年（1798）十二月	潋城内庆云境	金盘底	34千文	乏用	杨绍文
3	李日盾卖屋契	道光九年（1829）八月	茗垟外垟庄前		十二千九百文	移居他处，缺钱别置	李永余
4	李式雁卖屋契	道光九年（1829）十二月			十千七百文	移居别处居住	李式富
5	李锡欣卖屋契	道光十一年（1831）十二月	茗垟	马腰鞍	4000文	乏钱应用	李锡达
6	李锡冬卖屋契	道光二十六年（1846）八月	祖屋右边横厝后		6000文		李日火
7	李日怀卖屋契	咸丰七年（1857）十二月			2200文	乏应	李日火
8	李锡子卖地基契	咸丰九年（1859）八月	祖屋右边横厝后		2200文	移出前住	李日火
9	杜延侨卖屋契	咸丰十一年（1859）九月	本村	上店	9000文	生母无钱殡殓	杜邦贤
10	李锡驾卖屋契	咸丰十一年（1859）十二月	祖厝右边		3000文	乏用	李日火
11	杜延侨卖屋契	同治二年（1863）十二月	漆溪	上店	4600文	乏用	杜邦庆

续表

序号	名称	时间	坐落	土名	价银	买卖缘由	承买人
12	杜延侨卖屋契	同治十一年（1872）十二月	漆溪	上店	12千文	乏用	杜百堂
13	杜延侨卖屋契	同治十一年（1872）十二月	漆溪	上店	8000文	乏用	杜邦贤
14	李仪夏卖屋契	同治十一年（1872）十二月			一万八千文	乏用	李式泉
15	李式浚卖屋契	光绪十三年（1887）十二月	洋心厝		洋番11圆3角	乏用	李式调
16	杜步兴卖屋契	光绪二十一年（1895）十一月	漆溪	坑里衕上厝季林公厅左边	时价5钱重过戬洋番30圆	乏用	杜百考
17	杜步音卖屋契	光绪二十四年（1898）正月	漆溪	坑裡衕上厝中厅左边	时价5钱重过戬洋番20圆	乏用	杜百考
18	杜百魁卖屋契	民国十四年（1925）八月	门楼裡	祠堂前右边	小洋60角	乏用	杜百榛
19	杜延古卖屋契	民国二十二年（1933）八月	赤溪	坑里衕左边横楼	大洋70圆	乏用	杜步梅
20	杜春生立卖断契	民国二十四年（1935）十二月	漆溪乡白琳区	坑里弄村上厝房屋二透	秋谷合12担	乏用	杜步鸿

续表

序号	名称	时间	坐落	土名	价银	买卖缘由	承买人
21	杜步苏卖屋契	民国三十七年（1948）十二月	踏溪乡漆溪保坑里衢村	横楼		乏用	杜步其

在房屋买卖中，立卖断契共计21件，时间最早为雍正元年（1723年），最晚为1948年。房屋卖断契格式大致与田地卖断契相同，只是将标的物由土地换为房产。房屋买卖是此批契约文书的重要主题之一，在数量上也是最多的。究其买卖缘由，除了有四张契约中明确说明"移居他处，缺钱别置"或"生母无钱殡殓"外，其余都是一般说法"乏用"，却未说明"乏用"背后的具体原因。在这一批房屋买卖契约文书中，大部分出自杜家文书，杜家房屋买卖一直从咸丰十一年（1861年）延续至20世纪。杜家在清末至20世纪40年代出现如此频繁的买卖行为，或许与赤溪这一地方连续遭到动乱，房屋被破坏有关。据民国甲申年（1944年）的《杜氏宗谱》记载清灭亡后杜家遭遇了几次劫难，分别为1922年、1934年与抗日战争期间。其中民国二十三年（1934年）对房屋的破坏最为严重，这与福鼎地区国民党对革命势力发起"围剿"有着极大的关系。据《福鼎县志》记载，1933年冬，中共福鼎县委成立。1934年，国民党浙江保安团和福鼎县保安中队联合对中共沿海地区进行"清剿"。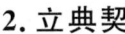 革命努力的扩张及国民党的"围剿"对地方社会造成一定程度上的冲击，在不同程度上导致杜氏宗族的祖厅、祖屋及赤溪一带的不少房屋、店铺被烧毁。

2. 立典契

立典契计1件，为光绪十二年（1886年）王步福将房屋典与杨茂顶，并约定两个月后回赎的契据。

3. 当厝契

当厝契计2件，与典契内容、格式大致相同。在典当期间，房屋可由典

---

① 福鼎县地方志编纂委员会编：《福鼎县志》，福州：海风出版社，2003年，第2页。

主或当主自行处理,包括居住、出租。

4. 立屋宇课批字

立屋宇课批字计1件,也是房屋典当的一种,但此契约规定不收利息,也不得租赁他人,原主备出原价即可回赎。因此此时房屋类似一种"担保品"。

5. 凭票

凭票计1件,为杜步钗支出的凭据。

(三)山林典卖

福鼎县境内地势呈西北、东北、西南向中部和东南沿海波状倾斜,赤溪、潋城、贯岭三处均属丘陵地带,森林茂密。据嘉庆《福鼎县志》的《物产篇》记载:"福鼎僻处海边,地偏土瘠,虽无珍奇足耀,然其间山林、溪港以及田土之所产,足备采取而资民用者,正复不少。"①其中松、杉、柏、桑、樟、茶树、竹为其主要山林物产。山林物产作为家族资源,也在契约文书中不断成为物品所典卖。

1. 立卖断契

表1-6 立卖断契表

序号	名称	时间	坐落	土名	价银	买卖缘由	承买人
1	杜开梅卖竹林契	嘉庆二十一年(1816)七月	下溪东	黄大金	铜钱25千文	乏用	阙阿轮
2	李日镇卖竹山契	道光八年(1816)十月	茗垟	祖厝后	1000文		李永余

---

① 谭抡编:嘉庆《福鼎县志》卷三,《物产》。

续表

序号	名称	时间	坐落	土名	价银	买卖缘由	承买人
3	杜为岸卖山契	道光十四年（1834）十月	漆溪	坑头裡圭柿塆	铜钱5500文	乏用	杜必圜
4	李曰等卖茶园契	同治元年（1863）八月		刘柴外	5000文	今因乏应	李曰火
5	李锡驾卖茶园契	同治元年（1863）十二月	茗垟	牛栏大垟	3800文	乏用	李曰火
6	李曰顶卖茶园契	同治元年（1863）十二月	茗垟	凤岗尖	3600文	乏用	李曰火
7	李式意卖山契	咸丰二年（1852）十一月	十九都	牛栏长垟	2900文	缺钱应用	李曰火
8	李式铨卖山契	咸丰三年（1853）五月	茗垟	牛栏长岗	3300文	缺钱应用	李曰火
9	李仪导卖茶园契	光绪五年（1879）十二月	洋头湖	牛连坡	2800文	乏用	李式条

续表

序号	名称	时间	坐落	土名	价银	买卖缘由	承买人
10	李仪番卖山契	光绪十三年(1886)十二月	茗垟	牛栏	3元5角	缺钱应用	李式调
11	王步云卖熟园契	宣统二年(1910)十二月	潋城南门外	南山亭	7钱3分,重洋银8圆	乏用	谢发旺
12	杜百坑卖山契	宣统三年(1911)三月	漆溪	锁尾下岗坪	小洋银128角正	乏用	杜百臻
13	杨德忠卖熟园契	民国二十八年(1939)七月	潋城	南山大坪面	国票大洋7圆	乏用	王步华
14	谢友竹、谢友求卖熟园契	民国二十九年(1940)十二月	潋城南门外	南山亭	国币40圆	乏用	杨加德
15	杜步城山场合同	民国三十五年(1946)二月	七溪	虾微岗	竹母730株		杜承辉

  立卖断契共 15 件,包括竹林、山场、茶园等买卖行为。卖契格式大致与卖田契相同,载明买主、卖主、坐落、价银、声明产权属性以及禁止追价行为。其中李曰火从同治元年(1862)起至咸丰三年(1853),分别向李曰等、李锡驾、李曰顶、李式意、李式铨购买了茶园与山场,且也从其他人手中买了房屋、田地等产业。由此可知,在这一时期李曰火进行了一系列置办产业的

行为。

2. 立典契

立典契计1件,契内载明杨宗昭将园地典与杨九明方种作五年,并规定赋额由杨宗昭本人完纳,后备出本契原价赎回。

3. 立当契

立当契计1件,为李绍叠将山场当与杨绍认栽种树木的契据。

4. 立根批

立根批计1件。根据《民事习惯调查报告录》记载,福建某些地区将山出佃,习惯上谓之"批",多不设定存续期间,承佃人如有欠租,该山即听山主起回,如无欠租,永不得由山主另佃。[①] 且福鼎佃户向业主承批田园时,恒缴根银若干,以备欠租时业主得以扣抵。但解约时,佃户如无欠租,业主应将根银发还。[②] 此契描述就是这种情形,杨阿古将熟园出佃与杨民顶种作,收取六钱七分,并约定"不拘远近年间,弟边备出本契内原价赎回,兄边不得执留之理。如或无银取赎,任凭兄边种作,弟边永无异言"。

5. 山场合同

山场合同计1件,此山场合同记载了杜步城向房侄承辉承来看管山场,并规定待房侄十八岁成年之日归还的信息,属看山文书。山主对看山人以木材或工时银或花利等多种形式进行补偿。在此合同内规定,看山人为山主将树木栽养成材后,由山主分给一定成数的木材,杉木、松柴、槁柴三种,山主与杜步城六四分;猫竹对半均分。且合同内说明,在交还之日,山内小株杉木从一尺起至以上者,必须津贴承管人,从一尺以下并猫竹七八寸者,仍还承辉。民国民事习惯调查显示了租借他人园地栽种林木果树后分成收益的习惯,如闽清地区"果树成林,递年生息,山主分三成至五成,租户分五

---

① 前南京国民政府司法行政部编,胡旭晟等点校:《民事习惯调查报告录》,北京:中国政法大学出版社,2000年,第295页。
② 前南京国民政府司法行政部编,胡旭晟等点校:《民事习惯调查报告录》,北京:中国政法大学出版社,2000年,第322页。

成至七成不等"。① 此合同内规定与闽清惯例略有不同,分析原因,可能是闽清地区与福鼎地区对此规定不同,也有可能是因杜步城与杜承辉的亲戚关系。

---

① 前南京国民政府司法行政部编,胡旭晟等点校:《民事习惯调查报告录》,北京:中国政法大学出版社,2000年,第305页。

三、契约所见社会习俗

福鼎地区这批契约文书分别出自三个家族,契约的乙方多为甲方族人。根据统计,在 83 张契约中,共有 54 张的乙方为族内亲属。另外,参与契约签订的中人、代笔、见证人也多为亲戚。在契约买卖中,一直存在不成文的规定——"亲邻优先权",也称"先问亲邻",指的是当业主欲典卖田宅,须先尽问亲邻之责,在同等条件下,亲邻较其他人有优先购买权。闽清地区的调查就显示,典卖业产,业主亲族有先买之权①。"亲邻优先权"广泛存在于全国各地,湖北郧县、竹溪县、五峰县、谷城县、巴东县以及吉林榆树县等地的习惯调查报告中显示,对于已经出典的田宅均是"先问亲邻"。现将契约中显示的三方——买方、卖方和"第三方群体"的关系列表说明,以此更直观来反映他们的亲属关系。

---

① 前南京国民政府司法行政部编,胡旭晟等点校:《民事习惯调查报告录》,北京:中国政法大学出版社,2000 年,第 304 页。

表 1-7 契约所见买卖关系表

序号	名称	时间	乙方	乙方与卖主的关系	为中	中人与卖主的关系	代笔	代笔与卖主的关系	见契	见证人与卖主的关系
				赤溪契约						
1	杜开梅卖竹林契	嘉庆二十一年（1816）七月	阙阿轮		杜若大	房叔祖	杜必章	房叔	杜必述	胞叔
2	杜为起、杜为水卖竹林契	道光十三年（1833）十二月	杜必闓	叔	杜必舒	父	杜必舒	父	杜为岸	胞弟
3	杜为岸卖山契	道光十四年（1834）十月	杜必闓	叔	杜为荡	兄	杜为荡	兄	杜必舒	父
4	杜为彦卖田契	道光十九年（1839）十二月	杜必举	堂叔	杜永三	堂兄	杜延焕	侄	杜为产	胞弟
5	杜延侨卖屋契	咸丰十一年（1861）九月	杜邦贤	堂兄	杜为遵	堂叔	杜为遵	堂叔	杜邦豪、杜邦庆、杜邦周	堂兄
6	杜邦周付田契	同治元年（1862）十一月	杜邦庆	堂弟			杜为遵	堂叔	杜为琴、杜为居	堂叔

续表

7	杜延侨卖屋契	同治二年（1863）十二月	杜邦庆	堂弟	杜邦禄		杜邦禄		杜邦毫、杜邦贤	
8	杜延侨卖屋契	同治二年（1863）十二月	杜邦庆	堂弟	杜邦禄		杜邦禄		杜邦毫、杜邦庆	
9	杜延侨屋宇课批	同治五年（1866）十二月	杜邦贤	堂兄	吴仲兰		杜为从	叔	杜邦庆杜邦周	堂兄
10	杜延侨卖屋契	同治十一年（1872）十二月	百堂		杜邦纯		杜邦禄		杜邦庆杜邦周	堂兄
11	杜延侨卖屋契	同治十一年（1872）十二月	杜邦贤	堂兄	杜延合	兄	杜为从	叔	杜邦庆杜邦周	堂兄
12	杜步兴卖屋契	光绪二十一年（1895）十一月	杜百考	房叔	杜延从				杜百坐	堂叔
13	杜百埋苗田实收字	光绪二十三年（1897）十二月	杜百考	堂弟	杜延侨	堂叔	杜国璋	房叔	杜百臻	胞弟

续表

序号	名称	时间	乙方	乙方与卖主的关系	为中	中人与卖主的关系	代笔	代笔与卖主的关系	见契	见证人与卖主的关系
14	杜百埋卖田契	光绪二十三年(1897)十二月	杜百考	堂弟	杜延侨	堂叔	杜国璋	房叔	杜百臻	胞弟
15	杜步音卖屋契	光绪二十四年(1898)一月	杜百考	房叔	杜延从	房叔祖	杜国璋	房叔	杜百莹	堂叔
16	杜百坑卖山契	宣统三年(1909)三月	杜百臻	房弟	杜步连	侄	杜国璋	房兄	杜步昌	
17	杜百魁卖屋契	民国十四年(1925)八月	杜百臻	堂兄	杜步灼		褚放亭		杜步进、杜百诵	
18	杜延古卖屋契	民国二十二年(1933)八月	杜步梅	族孙	杜步彭		杜衡九		杜步秋、杜步番、杜百瑶	房侄孙、堂侄
19	杜步城山场合同	民国三十五年(1946)二月	杜承辉	房侄	杜步炉					
20	杜步苏卖屋契	民国三十七年(1948)十二月	杜步其	族兄	杜承滑		杜春生		杜步耕、杜家酒	

澉城杨家文书

序号	名称	时间	乙方	乙方与卖主的关系	为中	中人与卖主的关系	代笔	代笔与卖主的关系	见契	见证人与卖主的关系

续表

序号	契名	时间						
1	杨若享卖屋契	雍正元年(1723)四月	杨士聪	侄	王□广		林□□	杨其得
2	杨绍贤卖屋契	嘉庆三年(1798)十二月	杨绍文	堂弟	许允仪		李元侯	
3	杨阿应卖屋契	道光十年(1830)十二月	杨奕麟	侄	沈如善		黄其成	
4	平、心房阄书	同治二年(1863)十二月				黄兆麟	叶怀坝	女婿
5	杨季诗卖吉地契	同治十二年(1873)十二月	杨振麟	族兄	杨存若		黄振麟	
6	杨阿古熟园根批	光绪六年(1880)十一月	杨民顶	堂兄	程阿康		王萼廷	
7	杨茂集苗田加当契	光绪二十三年(1897)十二月	灵峰寺僧仕贵		杨阿学	侄	王集庭	杨阿学	侄

续表

序号	名称	时间	乙方	乙方与卖主的关系	为中	中人与卖主的关系	代笔	代笔与卖主的关系	见契	见证人与卖主的关系
8	王步云卖熟园契	宣统二年（1910）十二月	谢发旺		王其昌		叶子云		王步秀	兄
9	梁池古卖田契	民国十年（1921）十二月	杨传党				陈俭庵		梁阿畴	父
10	江修泽、江修珍卖田契	民国十八年（1929）十二月	杨传党		阮家湖		陈俭庵		黄氏	家母
11	谢友竹、谢友求卖熟园契	民国二十九年（1940）十二月	杨加德		阮明汶		阮午庭		谢友求	弟
12	叶开兴卖田契	民国三十年（1941）	杨加德		阮明汶		陈绍彤		叶开聪	堂兄

贯岭文书

序号	名称	时间	乙方	乙方与卖主的关系	为中	中人与卖主的关系	代笔	代笔与卖主的关系	见契	见证人与卖主的关系
1	李日镇卖竹山契	道光八年（1828）十月	李永余	堂叔	李锡欣	侄	李日快	侄	李日汉	弟
2	李日盾卖屋契	道光九年（1829）八月	李永余	胞叔	李日镇	堂兄	郑永範		李日砂	胞弟

续表

3	李式雁卖屋契	道光九年(1829)十二月	李式富	堂兄	李日雁	堂伯	李日果	堂伯	李	胞叔
4	李锡欣卖屋契	道光十一年(1831)十二月	李锡达	堂兄	李日璧	堂叔	李日璧	堂叔	李锡冬	胞弟
5	李锡冬卖屋契	道光二十六年(1846)八月	李日火	堂叔	李式池	侄	李日璧	兄	李式秋	侄
6	李锡座当田契	道光三十年(1850)十二月	李日火	叔	李仪正		李日磋		李仪超	
7	周阿西卖风水契	咸丰元年(1851)十二月	李永余	叔	俞陈文		夏孟钰		蔡开林	
8	李式意卖山契	咸丰二年(1852)十一月	李日火	叔	李仪郡		李式铨			
9	李锡座卖田契	咸丰三年(1853)□月	李日火	叔	李锡金		李日磋		李锡金	

续表

10	李式铨卖山契	咸丰三年(1853)五月	李日火	叔	李式后		李式意		李式后	
11	李日怀卖屋契	咸丰七年(1857)十二月	李日火	兄	李日楼		李日磋		李日鼎	
12	李锡子卖地基契	咸丰九年(1859)八月	李日火	堂叔	李锡炭	侄	李日璧	兄	李锡庚	侄
13	李锡驾卖屋契	咸丰十一年(1861)十二月	李日火	堂叔	李锡子	堂兄	李锡响	堂兄	李日党	胞伯
14	李日等卖茶园契	同治元年(1862)八月	李日火	兄	李锡札		李日磋		李日楼	
15	李锡驾卖茶园契	同治元年(1862)十二月	李日火	堂叔	李日楼	堂叔	李锡响	堂兄	李日埕	堂叔
16	李日顶卖茶园契	同治元年(1862)十二月	李日火	堂兄	李日快	堂兄	李锡响	堂侄	李日楼	堂兄

续表

17	李日快卖烟寮契	同治二年(1863)九月	李日火	堂兄	李日凤		日磋				
18	李日等当厝契	同治二年(1863)十二月	李日火	兄	李锡强	侄	李锡粒	侄	李仪治	侄孙	
19	李日火当田契	同治七年(1868)十二月	李锡遂	族侄	李锡炮	堂侄	李锡炮	堂侄	李锡朝		
20	李仪夏卖屋契	同治十一年(1873)十二月	李式泉	房叔	李仪正		李式炮	房叔	李仪番	胞贰兄	
21	李锡札立寄佃契	光绪二年(1876)十二月	李锡椿	堂兄	李锡芙	堂弟	黄职俊				
22	李仪导卖茶园契	光绪五年(1879)十二月	李式条	族叔	林克庄	继兄	李式炮	房叔	李仪波	堂弟	
23	李仪番卖田契	光绪十年(1884)十二月	李锡条	堂叔	李仪正		李绍印	侄孙	李绍启	侄孙	

续表

24	李式浚卖屋契	光绪十三年(1887)十二月	李式调	房兄	李仪正	堂侄	李式炮	堂兄	李式长	胞弟
25	李式梱脱加田契	光绪十四年(1888)十二月	李式椿	堂兄	翁如声		翁如声		李仪巨	堂侄
26	李仪缪寄佃契	光绪二十三年(1897)	李锡长	族叔			李仪若	兄		
27	李仪面当厝契	光绪二十八年(1902)	李仪奋	胞兄			李仪芸	堂兄	李仪贫	弟
28	李绍坎寄田契	民国七年(1918)十二月	李仪奋	房叔	李仪拧		李仪杏		李仪杏	
29	李绍坎脱退断佃契	民国八年(1919)五月	李仪奋	房叔	李仪拧		李仪杏		孔侃	
30	李绍叠当山契	民国十六年(1927)十二月	李绍认	堂兄	李鸿辉	堂叔				

上表中的"为中"、"代字"与"见契"都是契约交易双方之外的"第三方群体"。从契约本身来看,他们与交易的标的物本身并无直接联系,但他们却

是交易、缔约行为的参与者,且备受各方重视。其中"为中"承担的是介绍、协调的功能,"代笔"则负责"书写契字","见契"则是发挥"见证人"的作用。下面我们分别对这三种群体进行探讨。

在一张标准格式的契约中,中人一般会出现四次,分别为"托中引就"、"同中面议"、"同中收讫"以及画押。因此中人首先要接受甲方——权利出让方的委托——"受邀做中"介绍与引见乙方,积极主动撮合交易双方进行交易。然后中人需要在场对标的物进行勘定与检查,并议定价格,"三面言定"、"同中面议"等词都表明中人在立契时参与土地价格的协商。我们可以想象,如果当事人双方在协商过程中产生了争执与冲突,中人还需要进行调解,在其中起到平衡的作用。再来中人要监督与证明价银的给付与交割,最后还要在契约尾部签名画押。而契约背后所反映的买卖双方的权利义务是以中人介入为基础的。买主负担的交付价银的义务和卖方所负有的标的物真实可靠以及永不贴赎等义务之所以能得以保障和落实,事实上依赖于中人的担保。① 而这就要求中人具有一定的可信度,因此很大程度上就会由族人担任,他们一般会是与立契人有较近亲属关系,从上表可发现,很多契约的中人都是立契人的兄弟、侄子、叔伯等。近亲做中的最大优势在于可以凭借血缘关系,确保中人对此次交易投入最大限度的重视。另外,由于中人所承担的任务并不简单,在客观上对中人有一些要求,所以我们可以在表中看到,有些中人不止参与一次契约交易。中人参与此行为,一般情况下会向买卖双方收取中费,如"浦俗买卖不动产,有居间人,谓之'言议与中见'。契约成立后,由买主给予酬金(俗称花红)"②。因此,在乡村社会中也会存在一些专业中人。此批契约中并未明确标明中人费用,但根据福建省一般惯例而言,卖田契为"买三卖二",即买方给予卖价的百分之三,卖方出卖价的百分之二,③典契或其他买卖契据略有不同。相比中人承担的义务,"代笔"人与"见契"人的工作要相对简单一些。"代笔"负责"书写契字",这一工作

---

① 陈胜强:《中人对清代土地绝卖契约的影响极其借鉴意义》,《法学评论》2010 年第 3 期。
② 施沛生编:《中国民事习惯大全》第一编,上海:上海书店出版社,2002 年,第 26 页。
③ 苗鸣宇:《民事习惯与民法典的互动:近代民事习惯调查研究》,北京:中国人民公安大学出版社,2008 年,第 156 页。

有时由塾师担任,成为塾师的副职①。代笔人"依议写契"会得到一定报酬,各个地区略有不同,有些地区凭中人与代笔人一起分享"值百抽五"的报酬。② 有时也会存在"代笔"或"见契"与中人为同一人的现象。

此批文书中还存在一些买卖特殊物的契据,有"咸丰元年(1851年)周阿西卖风水契"以及"同治十二年(1873年)杨季诗卖吉地契"。这两张契买卖的都是吉穴,也就是墓地。在古代相地术中,风与水是两大基本要素,利用风和水,可以达到调解"气"的目的,使之聚而不散,因此相地术又称"风水"。传统社会对"风水"即为推崇,他们积极营造风水,以期达到荫庇子孙、家族兴盛的目的。福建地区民间也多信风水之说,而福鼎一带又多山,因此山主如缺钱应用,经常会抽出吉地一穴,卖供他人葬亲。③ 但由于在造墓过程中,常常因为边界引发纠纷,因此福建不同地区对坟地四围之地都有明确规定,霞浦、闽清地区规定一丈二尺,顺昌地区规定二丈四尺,以免争端。

---

① 董乾坤:《徽州民间账簿及其产生的社会机制——以"胡廷卿账簿"为例》,《安徽大学学报》2017年第6期。
② 前南京国民政府司法行政部编,胡旭晟等点校:《民事习惯调查报告录》,北京:中国政法大学出版社,2000年,第639页。
③ 前南京国民政府司法行政部编,胡旭晟等点校:《民事习惯调查报告录》,北京:中国政法大学出版社,2000年,第301页。

下编

民间契约文书整理

一、赤溪契约

1. 雍正五年（1727年）二月吴振辉卖田契
2. 嘉庆二十一年（1816年）七月杜开梅卖竹林契
3. 道光十三年（1833年）十二月杜为起、杜为水卖竹林契
4. 道光十四年（1834年）十月杜为岸卖山契
5. 道光十九年（1839年）十二月杜为彦卖田契
6. 咸丰十一年（1861年）九月杜延侨卖屋契
7. 同治元年（1862年）十一月杜邦周付田契
8. 同治二年（1863年）十二月杜延侨卖屋契
9. 同治二年（1863年）十二月杜延侨卖屋契
10. 同治五年（1866年）十二月杜延侨屋宇课批
11. 同治十一年（1872年）十二月杜延侨屋宇课批
12. 同治十一年（1872年）十二月杜延侨卖屋契
13. 光绪二十一年（1895年）十一月杜步兴卖屋契
14. 光绪二十三年（1897年）十二月杜百埋苗田实收字
15. 光绪二十三年（1897年）十二月杜百埋卖田契
16. 光绪二十四年（1898年）一月杜步音卖屋契
17. 宣统三年（1911年）三月杜百坑卖山契
18. 民国四年（1915年）六月断卖契单
19. 民国十四年（1925年）八月杜百魁卖屋契
20. 民国十八年（1929年）十二月杜步钗凭票
21. 民国二十二年（1933年）八月杜延古卖屋契
22. 民国二十二年（1933年）十月杜承金拨租票

23. 民国二十四年(1935年)十二月杜春生立卖断契
24. 民国三十五年(1946年)二月杜步城山场合同
25. 民国三十七年(1948年)十二月杜步苏卖屋契

1. 雍正五年(1727年)二月吴振辉卖田契

　　立卖断契人吴振辉,原有祖置苗田①壹号,坐落九都漆溪,土名坑头里,受种叁斛正。今因乏用②,托中③送卖与杜可游边为业。即日面议价银一两五钱正,□□□□随手收讫。中间并无准算④。本田未卖之前,从无重张典挂⑤外人财物。如有房分伯叔兄弟交加不明⑥,吴边自能向前料解⑦,不涉买主之事。田乃下则之田⑧,合载苗米肆升捌合,立即推入杜边前去输粮,不累卖主。自卖之后,一任前去招佃⑨管业。再不敢阻执异言。三面议定,各无反悔。今欲有凭,立卖契以后,言尽价足,并无贴赎,永为照者。
列开四至共计:位东下吴弼致田,上至吴茂朱田,北至坑,南至大坑。

　　雍正伍年⑩二月　　日
　　　　立卖断契　　吴振辉(画押)
　　　　为中⑪在见　　吴则伦(画押)
　　　　代笔⑫　　陈全甫(画押)

注释

①苗田:根据《民事习惯调查报告录》记载:"在福建某些地区,同一土地上有两种所有权:一曰苗田所有权,一曰税田所有权。此二种所有权可以单独买卖、让与。例如甲之田年可收谷百石,招乙承佃,乙因勤劳农事,不惜工料,致其田年可收百五十石。则此多获之五十石,即乙之所有权,曰税田。甲原有之田,称为苗田。"

②乏用:缺钱应用。在契约中多用作解释出让权力的原因。

③托中:请托中人。

④准算:抵价、折算,有时也写作"准折"。

⑤重张典挂:重复抵押。

⑥交加不明:指牵扯不清。此语是为了防止杜卖之产业来路不明。

⑦料解:指料理解决,在契约中多出现。

⑧下则之田:"则"为土地肥沃瘠瘦之评量标准,分为上、中、下三则。

⑨招佃:招人租种土地,又作"召佃"。

⑩雍正伍年:即1727年。

⑪为中:中间人。

⑫代笔:代为书写契字的人。

2. 嘉庆二十一年(1816年)七月杜开梅卖山契

立卖断契杜开梅,原有祖遗阄分①猫竹②岚壹号,坐落十二三都下溪东③,土名黄大金安着,四至载后。兹因乏用,情愿托中送卖断与阙阿轮边为业。即日同中面议,时价铜钱贰拾伍千文正,随手亲收足讫,中间并无债利准算等情。其山未卖之先,未曾同张典挂别人财物,系是父手阄分物业,与房内伯叔兄弟侄无涉。如有交加不明,自能向前了解,不累银主之事。既卖断之后,山内大小竹木任从阙边留篆管业,永为已产。向后子孙不敢言贴、言赎、找尽④、妄生枝节等情,价足心愿,永断葛藤⑤,三面言定,各无异言。今欲有凭,立卖断契永远为照者。

计开四至:上至分水,下至田,里至必建山埋石,外至田头外埋石为界。

嘉庆贰拾壹年⑥柒月　日

　　　立断契　杜开梅(画押)

　　　见契　胞叔必述(画押)

　　　为中　房叔祖若大(画押)

　　　同见　堂兄开枝(画押)

　　　代笔　房叔必章(画押)

注释

① 阄分:明清时期,福建地区在分家过程中,需要将家产"品搭均匀"、"告神拈阄",因此分家文书又称"阄书",分家过程又称"阄分"。

② 猫竹:根据《福鼎县志》卷三《物产篇》中记载,猫竹,大者近斗,性极坚劲,人以编筏。笋有春、冬二季,又有一种,名六月猫笋,味甘。

③ 溪东:赤溪村下的自然村。

④ 找尽:即找价。指的是明清时期普遍在买卖行为中出现的卖主要求买主"补加价款"的现象。

⑤ 葛藤:比喻纠缠不清的关系。在绝卖契中,卖主经常声明"永断葛藤",以示自己和土地切断关系。

⑥ 嘉庆贰拾壹年:即1816年。

立賣斷契杜開梅原有祖遺闔分猶竹嵐壹號坐落十二三都下溪東土名黃大金安着四至載後亦因乏用情願托中送賣斷與關阿輪邊為業即日同中面議時價銅錢貳拾伍千文正隨手親收足訖中間並無債利准算等情其山未賣之先未曾同張典拚別人財物業與房內伯叔兄弟姪無涉如有交加不明自能向前了解不累銀主之事既賣斷之後山內大小竹木任從闢逐番籤營業永為己產同後子孫不敢言蹎托賣安生枝節無情價足心願永斷葛藤三面言定各無異言今欲有憑立賣斷契永遠為照尒

計開四至 上至分水 下至田 裡至必建山埋石 外至田頭外埋石為界

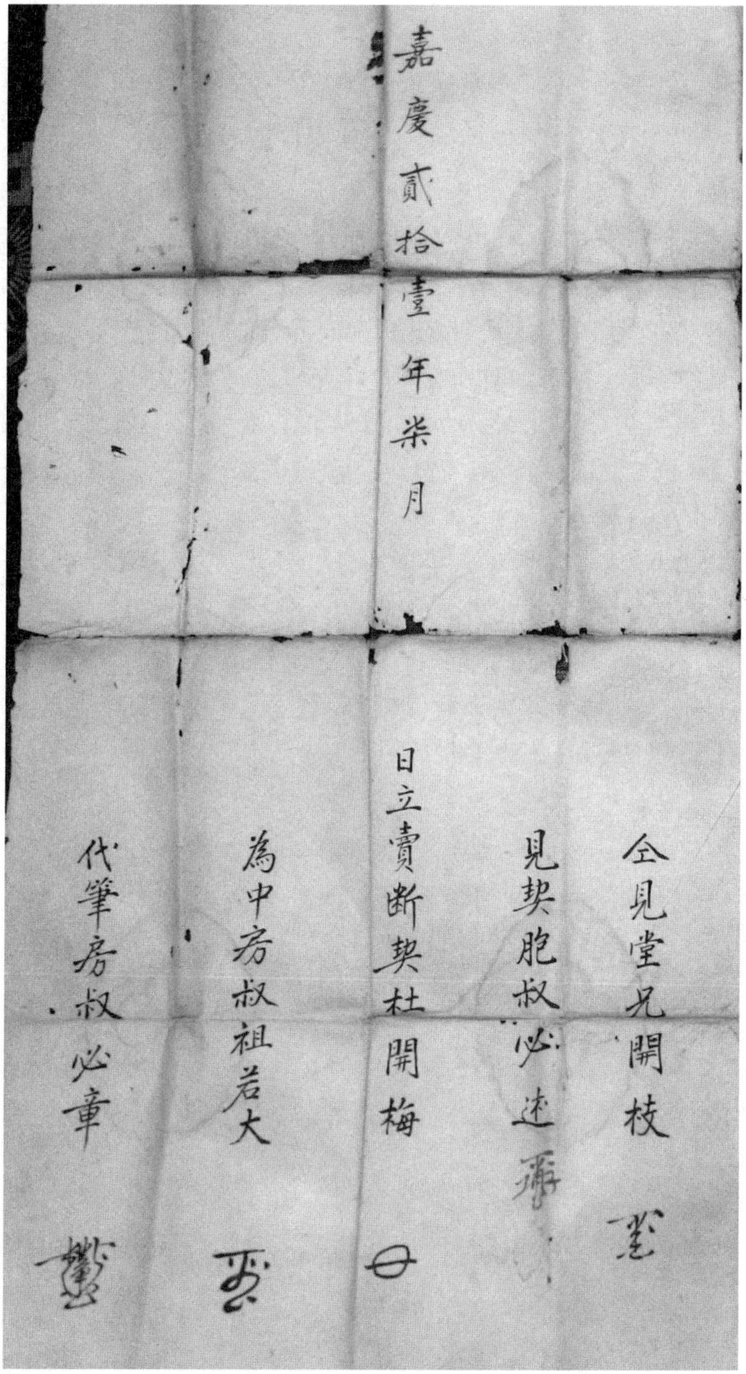

嘉慶貳拾壹年柒月

日立賣斷契杜開梅

見契胞叔必述瑧

仝見堂兄開枝

為中房叔祖若大

代筆房叔必章

图 2-1-1B 嘉庆二十一年七月杜开梅卖竹林契

3. 道光十三年(1833年)十二月杜为起、杜为水卖竹林契

  立卖断契杜为起、杜为水等,原有阄分苗竹林壹号,坐落十二三都漆溪坑头里,土名圭柿塆安着。上至横路,下至为岸竹林,埋石为界。左至坑,右至大岗路分中。兹因乏用,托中送卖断与叔杜必圝边为业。即日同中①面议山价钱壹拾千文正,随手亲收足讫,中间并无债利准折②等情。未卖之先未曾同张典挂外人财帛,如有交家(加)不明,起边自能向前了解,不累圝边之事。其山系是阄分己业,与房内叔伯兄弟无涉。既卖断之后,听凭叔边开劚留籑管业,向后不敢言及贴赎③、妄生枝节等情。三面言定,各无反悔。今欲有凭,立卖断契为照者。

  道光拾叁年④拾贰月 日
    立卖断契 杜为起(画押)
        杜为水(画押)
    中笔 父杜必舒(画押)
    见契 胞弟为岸(画押)

注释

①同中:指此过程中介人在场。
②准折:是指折算、抵偿。"并无债利准折"一语是为了确定产权属性。
③言及贴赎:要求买主追加土地价金,或向买主要求赎回土地。
④道光拾叁年:即1833年。

立賣斷契杜為起、杜為水等原有閬分首竹林壹號坐落十三都漆溪坑頭裡土名主柿塔安著上至橫路下至為岸竹林埋石為界左至坑右至大崗路分中就內交用托中送賣斷與叔杜元圖邊為業郎日全中面議山價錢壹拾千文正隨手親收是訖中間並無債利準折等情未賣之先未曾全張典掛外人財帛如有交家不明起逐自能向前了解不累圓逐之事其山係是閬已業與房內伯叔兄弟無涉既賣斷之后聽叔逐開劉留錄曾業向后不敢言及貼贖妄生枝節等情三面言定各無反悔今欲有凭立賣斷契為照了者

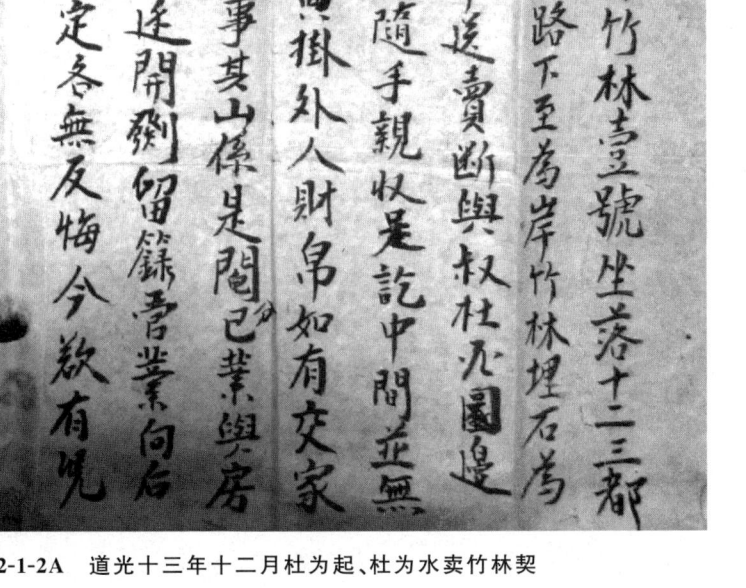

图 2-1-2A　道光十三年十二月杜为起、杜为水卖竹林契

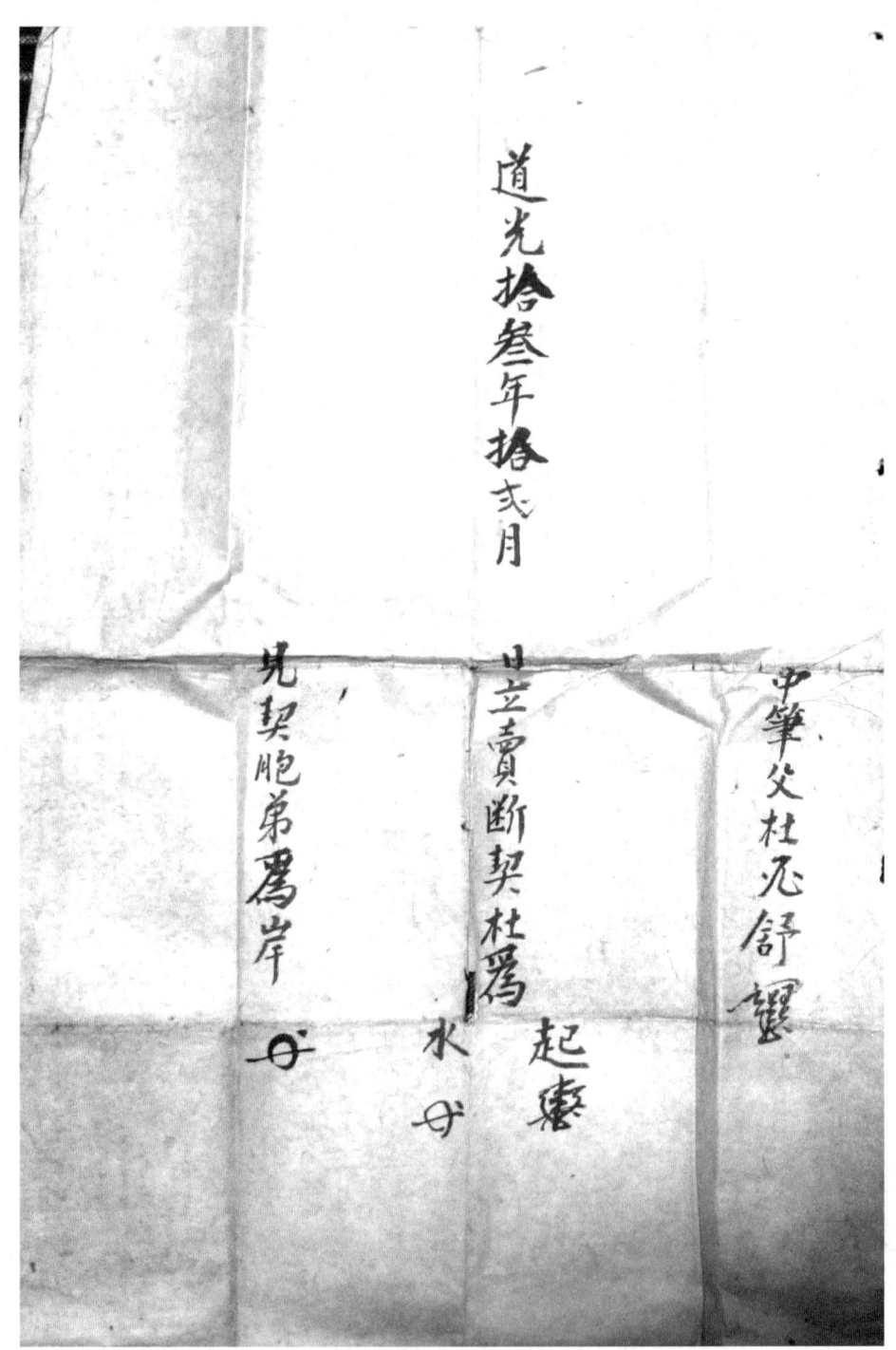

图 2-1-2B　道光十三年十二月杜为起、杜为水卖竹林契

4. 道光十四年(1834年)十月杜为岸卖山契

　　立卖断契杜为岸，原有兄弟阄分己下山场壹号，坐落十二三都漆溪，土名坑头里圭柿塆安着。四至载明，上至圜叔己山，下至田头，左至坑，右至岗中分水值下为界。兹因无钱乏用，托中送卖与叔杜必圜边为业。即日同中面议估值，时价铜钱伍千伍百文正，随手亲收足讫，中间并无侉算等情。面约依照乡例，每千加三行息。其山限至丙申年冬备出本利一足送边明，不敢欠少分文。如是至丙申冬无钱取赎，期听凭叔边开劙留篆砍伐，侄边不敢阻当异言。三面言定，各无反悔。今欲有凭，立卖契为照者。
　　道光十四年① 拾月　日
　　　　　立卖契　杜为岸（画押）
　　　　　在见　　兄为水（画押）
　　　　　　　　　　为波（画押）
　　　　　见字　　父必舒（画押）
　　　　　中笔　　兄为荡（画押）

注释

① 道光十四年：即1834年。

5. 道光十九年(1839年)十二月杜为彦卖田契

　　立卖断契堂侄杜为彦,原祖手置①有苗田肆号,坐落福鼎十二三都后田②地方,土名半山烘坑田壹箩,又号门首路面路下田叁斗,又号□□门首月傍坵田贰斗。又号九都漆溪,土名水流坵田壹箩,共受种苗田贰箩伍斗正。兹因乏用,情愿托中送卖断与堂叔必举边为业。即日同中面议,得出断价正库镜纹银陆拾伍两(十六元)正,随手亲收足讫。中间并无债准折等情。本田系是祖遗己业,与房内叔伯兄弟侄孙毫无干涉,未卖断之先,亦未曾重典外人财帛。如有交加来历不明,自能向前解正,不累叔边。其田合载苗米肆斗伍升正,在于十二三都十甲杜季林户内,任凭叔边自去认户完纳③,毋得挂欠,被累侄边。今既卖断之后,听凭叔边召佃收租,永为己业。侄边不敢异言,亦不敢言及贴赎等弊,妄生枝节,价足心愿,葛籐永断。三面言定,各无反悔。恐口无凭,今立卖断契一纸为照者。(内改后字壹字再照)老契多墩毗连,未便附缴。

　　道光拾玖年⑤拾贰月　日
　　　　立卖断契　堂侄杜为彦(画押)
　　　　　　知见④　胞弟为产(画押)
　　　　　　知见　男延廷(画押)
　　　　　　为中　堂兄永三(画押)
　　　　　　代笔　侄延焕(画押)

注释

①手置:福建一些地区不动产交易,须言明系属自己购买或为祖产。若自己购置,则有书明"手置"一词,并会在后文说明"与房内叔伯兄弟侄孙毫无干涉"之语。
②后田:清代属十三都一图磻溪村,民国属磻溪镇吴阳保后田村。
③完纳:交纳(赋税)。
④知见:指见证人。
⑤道光拾玖年:即1839年。

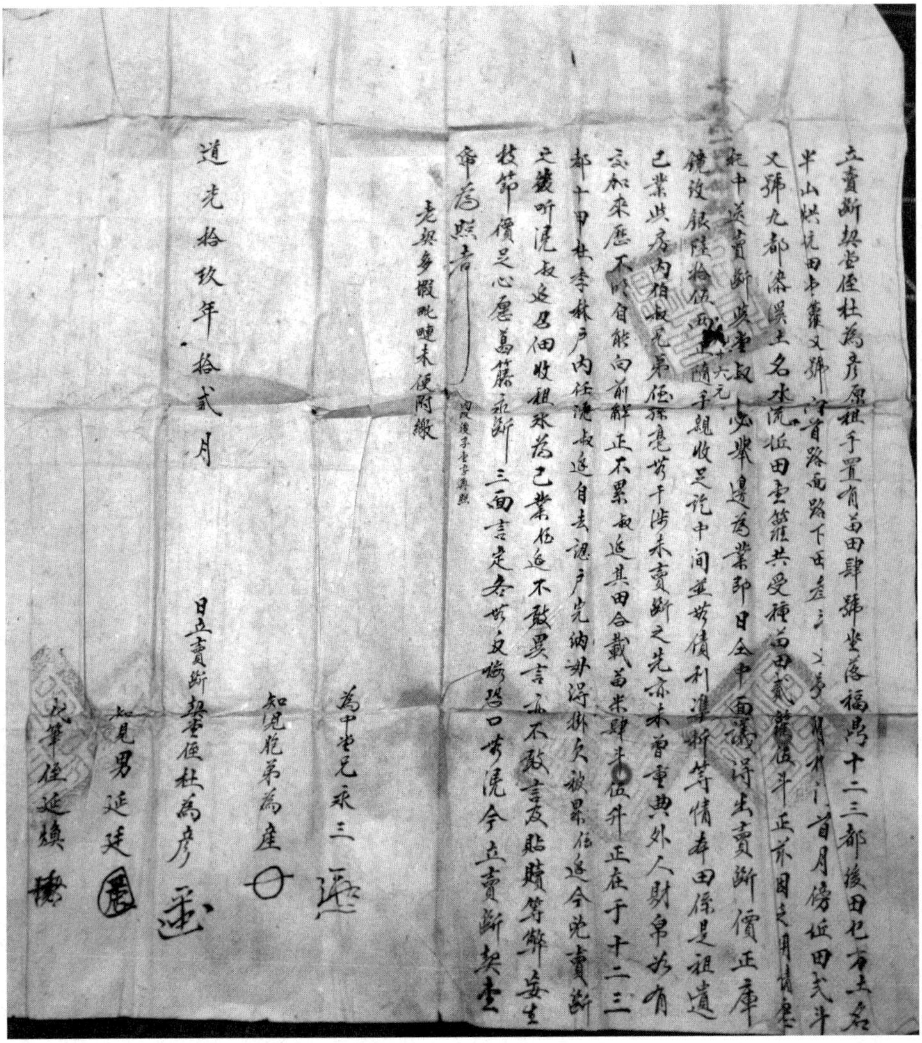

图 2-1-3　道光十九年十二月杜为彦卖田契

6. 咸丰十一年（1861年）九月杜延侨卖屋契

立卖断契杜延侨，原有父手阄分己下尾屋壹透，坐落本村，土名上店安着，右边厂厦壹透，上至椽尾，下至地基，左至壁，右至檐沟外墙段为界。又本屋后熟园应分壹半，左至邦庆园埋石直下中厅，右至墙，前至屋沟，后至大墙为界。为因生母弃世无钱殡殓，情愿托中送卖断与堂兄邦贤边为业。即日得出园屋价钱九千文正，随手亲收足讫，中间并无债利准折等情，未卖断以前未曾重张典挂外人财帛。既卖断之后，任凭兄边前去动作耕种管业，永为己产。至于前埕后沟道路，任凭动用通行，向后再不敢异言、阻挡，亦不敢言及贴赎，妄生枝节情弊。三面议定，各无反悔。今欲有凭，立卖断契为照者。

咸丰十一年①辛酉岁九月　日
　　立卖断契　杜延侨（画押）
　　　　在见　堂兄邦豪（画押）
　　　　　　　　邦庆（画押）
　　　　　　　　邦周（画押）
　　同见　堂叔为琴（画押）
　　代笔　中堂叔为遵（画押）

注释

① 咸丰十一年：即1861年。

立賣斷契杜延僑原有父手鬮分已下尾屋壹
透坐落本村土名上店安青右邊廠厦壹透
上至橡尾下至地基左至簷右至簷溝外牆壁為界
又本屋後藝園應分壹半左至邦厦園埂石直下中
廳右至牆前至屋溝後至大牆為界各因生母棄
世無錢殘殮情愿托中送賣斷與堂兄邦賢遵
乙業即日得出園屋價錢九千文正隨手親收足
訖中間盡無債利準折等情未賣斷以前未曾
重張典掛外人財帛既賣斷之後任芢兄延前去
動作耕種營業永為己產至於前埕後溝道路
任憑動用通行勻收俾亦不敢異言但係亦不敢言
及貽賠妻生枝節情弊二面議定各無反悔今欲有憑
立賣斷契為照亭

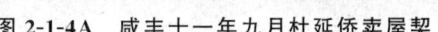

图 2-1-4A　咸丰十一年九月杜延侨卖屋契

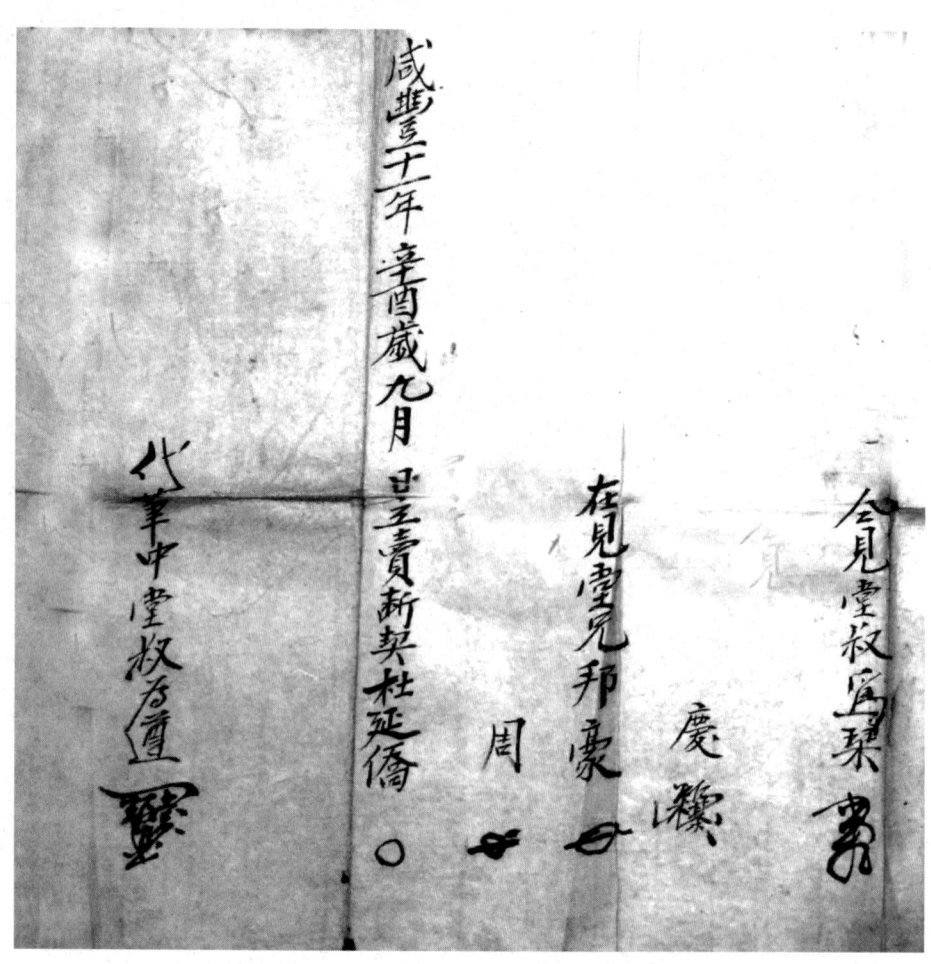

图 2-1-4B　咸丰十一年九月杜延侨卖屋契

7. 同治元年(1862年)十一月杜邦周付田契

立付约杜邦周,原有嗣父余财手置苗田叁号,坐落十二三都漆溪,土名坑头里上塅苗田陆斗,又号鸡柿塆苗田叁斗,又开荒苗田壹斗,共受种苗田壹箩正。本田合载苗米壹斗正,在本都本甲杜聚泰户内,又鸡柿塆山场壹号,又熟园贰号,壹号土名垄尾园壹坪,又水流圻尾园一坪,四至俱载正契。今经房叔面议,付与堂弟邦庆边前去耕种、管业,苗米庆边自去完纳,不累周边之事。未付之先未曾重张典挂内外人财帛。既付之后,任凭庆边前去批佃收租管业,永为己产,向后周边不得异言,新旧契据俱付庆边收管。今欲有凭,立付约永远为照者。

同治元年①岁在壬戌十一月　日
　　立付约　杜邦周(画押)
　　　见付　堂叔为琴
　　　　　　堂叔为居(画押)
　　　同见　堂弟邦贤(画押)
　　　代笔　堂叔为遵(画押)

注释
①同治元年:即1862年。

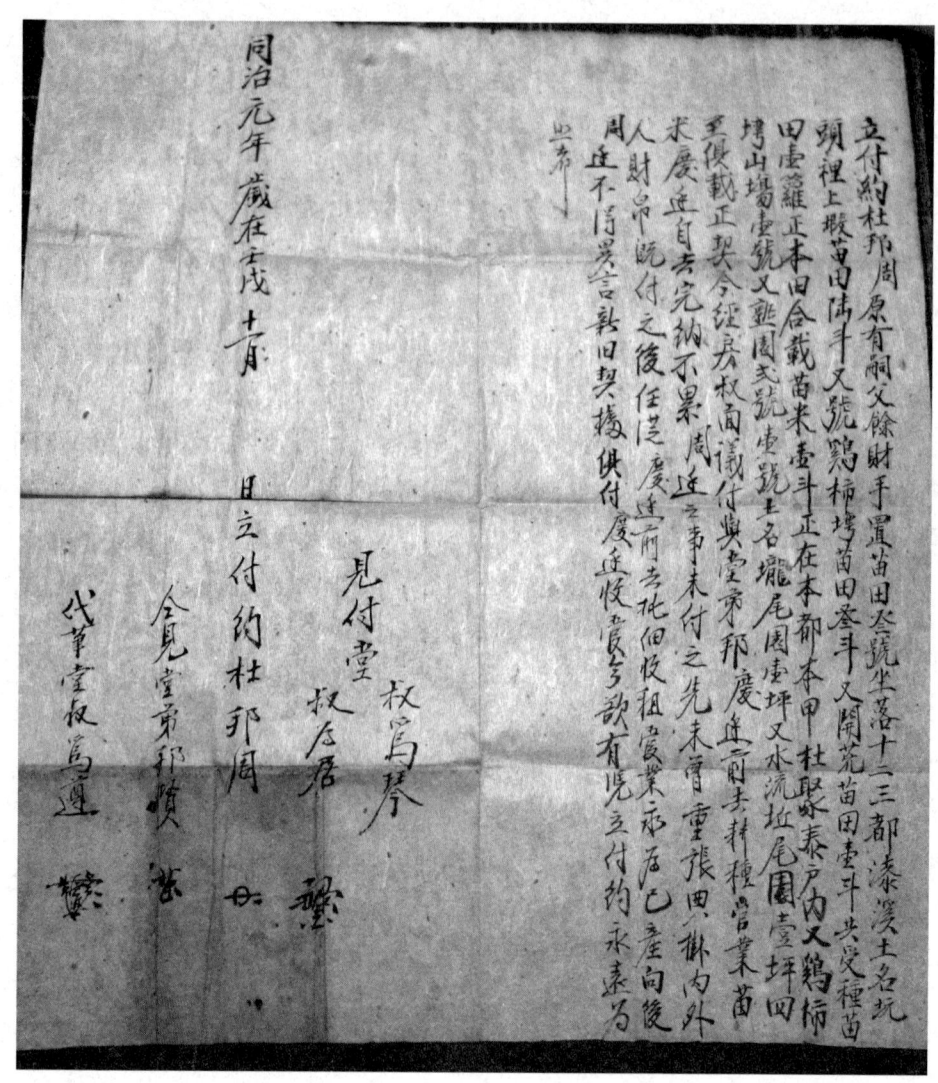

图 2-1-5 同治元年十一月杜邦周付田契

8. 同治二年(1863年)十二月杜延侨卖屋契

　　立卖断契杜延侨,原有阄分己下屋宇楼上壹樫,并楼梯壹只,坐落十二三都漆溪,土名上店安着。四至载名(明),上至椽尾,下至楼板,前至檐尾,后至侨边板壁,左至檐尾,右至中楼厅为界。兹因乏用,情愿托中送卖断与房内堂兄邦庆边为业。即日同中面议,得出铜钱肆仟陆百文正,随手亲收足讫,中间并无准节等情。其屋宇本是己下之业,与房内叔兄弟侄无涉,未卖之先亦未曾同张典挂外人财帛。如有交加不明,弟边自能向前了理,不累兄边之事。既卖断之后,听凭兄边前去关锁管业,弟边不敢阻当(挡)异言。三面言定,各无反悔。恐口无凭,立卖断契永远为照者。

　　同治二年①岁十二月　日
　　　　立卖断契　杜延侨(画押)
　　　　　　在见　邦毫(画押)
　　　　　　　　　邦贤(画押)
　　　　　　中笔　邦禄(画押)

注释

① 同治二年:即1863年。

9. 同治二年(1863年)十二月杜延侨卖屋契

　　立卖断契杜延侨,原有阄分己下屋宇壹樫,坐落十二三都漆溪,土名上店安着。四至载明,上至楼板,下至地基,前至埕中,后至庆边板壁,左至己下板壁,右至中厅为界。兹因乏用,情愿托中送卖断与房内堂兄邦贤边为业。即日同中面议,得出铜钱肆仟伍百文正,随手亲收足讫,中间并无准节等情。其屋宇本是己下之业,与房内伯叔兄弟侄无涉,未卖之先亦未曾同张典挂外人财帛。如有交加不明,弟边自能向前了理,不累兄边之事。既卖断之后,听凭兄边前去关锁管业,弟边不敢阻当异言。三面言定,各无反悔。恐口无凭,立卖断契永远为照者。

　　同治二年岁十二月　　日
　　　　立卖断契　杜延侨(画押)
　　　　　　在见　邦毫(画押)
　　　　　　　　　邦庆(画押)
　　　　　　中笔　邦禄(画押)

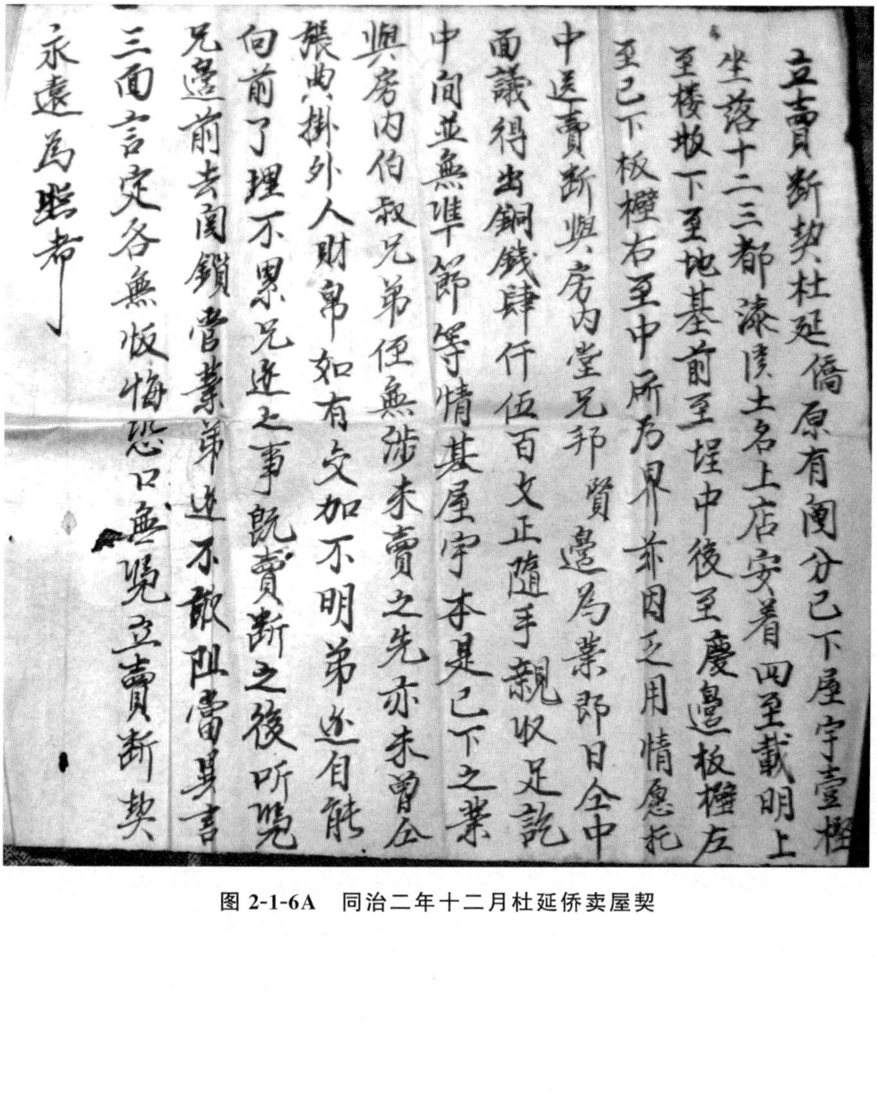

立賣斷契杜延僑原有闔分己下屋宇壹橺，坐落十二三都漆漬土名上店安着四至截明：上至己下板樘右至中所為界兼因乏用情愿托中送賣斷與房內堂兄邦賢邊為業節日全中面議得出銅錢肆仟伍百文正隨手親收足訖，其屋守本是己下之業與房內伯叔兄弟俱無涉未賣之先亦未曾會兼曲掛外人財帛如有交加不明弟逐自能向前去問鎖當業弟逐不敢阻當身書兄邊前去問鎖當業弟逐不敢阻當身書三面言定各無反悔恐口無憑立賣斷契永遠為照者

图 2-1-6A　同治二年十二月杜延侨卖屋契

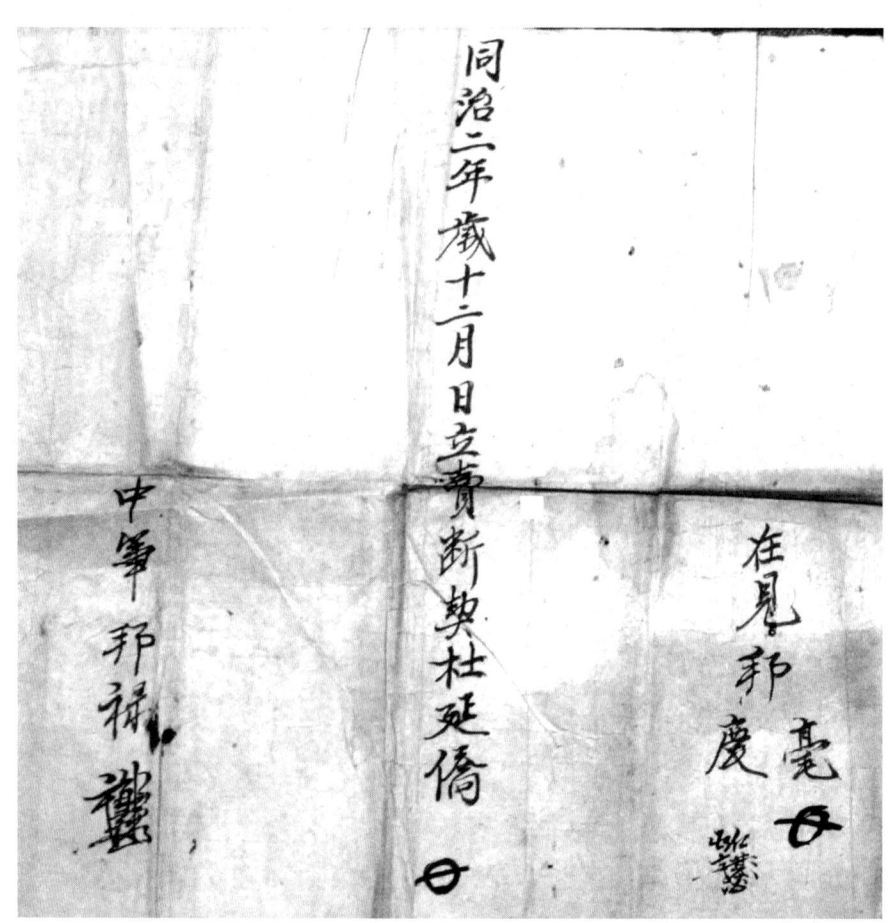

图 2-1-6B　同治二年十二月杜延侨卖屋契

10. 同治五年(1866年)十二月杜延侨屋宇课批

立课批杜延侨,原有父手阄分己下瓦屋贰樫,坐落十二三都漆溪上店后门厨房安着。四至载明,上至苍天,下至地基,左至后厅对半,右至邦贤拔壁,外至邦贤拔壁,里至廊为界。兹因乏用,情愿托中送课与堂兄邦贤边为业,即日同中面议,估值课价铜钱壹仟陆百文正,随手收讫,中间并无债利准折等情,未课之先亦无重张典挂他人财帛。如有交加不明,自能向前了理,不累兄边之事。既课之后,仍约钱无利息,厝无收租。不拘远近,弟边备出原价赎回屋宇课批,兄边不得执留。倘或无钱取赎,听凭兄边动用封锁管业,弟边不敢异言阻止。三面言定,各无反悔。恐口无凭,立课批为照者。

  内注改贰字图半字再照(画押)

同治伍年^①十二月　日

  立课批　杜延侨(画押)

   在见　堂兄邦庆(画押)

      邦周(画押)

   为中　吴仲兰(画押)

  依口代笔　为从(画押)

注释

① 同治伍年:即1866年。

11. 同治十一年(1872年)十二月杜延侨卖屋契

　　立卖断契杜延桥，原有祖手置屋宇式椼，坐落十二三都漆溪，土名上店安着。四至载明，壹号中椼，上至楼板，下至地基磉盘①；式号椽尾，下至地基磉盘，前至邦贤边板壁，后至檐滴水，左至内外中□，右至邦贤边板壁透里为界。兹因乏用，情愿托中送卖断与□□百堂边为业。即日同中面议，得出时价铜钱壹拾贰仟文正，□□收讫，中间并无侰利等情，未卖之先亦未曾同张典挂他人□□。如有交加不明，侨边自能向前了理，不累堂边之事。既卖之后，听凭堂边前去关锁重作管业，侨边不敢阻当异言，妄生枝节情弊。三面言定，各无反悔。今欲有凭，立卖断契永远为照者。

同治十一年②岁在十二月　日
　　立卖断契　杜延侨（画押）
　　　见契　堂兄邦贤
　　　　　　　　邦周
　　　为中　邦纯
　　　代笔　邦禄

　　仍约不拘远近取赎，侨边备出铜钱壹拾贰仟送还堂边。收回明白，赎回契据，堂边不得执留字据，立卖断契为照者。

注释

① 磉盘：指柱子下的石墩。
② 同治十一年：即1872年。

12. 同治十一年(1872年)十二月杜延侨卖屋契

立卖断契杜延侨,原有父手阄分瓦屋贰樫,坐落漆溪上店右边安着,上连椽□□地基,四至列后。兹因乏用,情愿托中送卖断与堂兄邦贤边为业。即日同中面议,估价铜钱捌千文正,随手收讫,中间并无债利准折等情,未卖之先,亦无重张典挂他人财产。如有交加不明,自能向前了解,不累兄边之事。本屋宇系是父手阄分之业,与房内伯叔兄弟无涉。既卖断之后,听凭兄边前去居住动用管业,永为己产。向后不敢言及贴赎,另生枝节。□□定,各无反悔。今欲有凭,立卖断契永远为照者。

内注屋宇,再照(画押)。内图三字,注捌字,再照(画押)

四至载明:

一号厨房樫,后至贤园,前至贤板壁,左至中厅通行,右至贤僻厦为界。

二号中樫,上至邦庆楼板,左至中厅通行,前后右俱至贤边为界。

同治十一年岁在壬申十二月　日
　　立卖断契　杜延侨(画押)
　　见契　堂兄邦庆(画押)
　　　为中　兄延合(画押)
　　　同见　兄邦周(画押)
　　　代笔　叔为从(画押)

仍约限至不拘远近,取赎备出原价赎回字据,兄边不得执留。倘或无钱,仍听兄边居住动用管业,不敢异言阻止,另生枝节,再照。

13. 光绪二十一年(1895年)十一月杜步兴卖屋契

立卖断契杜步兴,原有祖遗阄分己下屋宇壹樫,坐落鼎邑十二三都漆溪,土名坑里衕上厝季林公公厅左边安着。四至列后。兹因乏用,情愿托中送卖断于房叔百考边为业。即日同中见等面议,估值时价伍钱,重过戥①洋番②三拾员正。随手亲收足讫,中间并无债利准折等情。本屋宇系是祖遗五房阄分祖父以及己下之业,未买之先未曾重典他人财帛。如有内外交加不明,侄边自能向前了解,不累叔边之事。今既卖断之后,本屋凭四至内壹樫,任从叔边择吉移居动用管业。仍约不拘远近年间,侄边备出原价赎回契据,叔边不得执留。今欲有凭,立卖断契永远为照者。

计开四至:里至买主隔壁,外至檐滴,左至百坟隔壁,右至公厅,上至楼棚,下至磉石。

光绪贰拾壹年③拾壹月　日
　　立卖断契　杜步兴(画押)
　　　知契　堂叔百莹(画押)
　　　在见　堂叔百坐(画押)
　　为中同见　堂叔百种(画押)

另备百坐伍房叔祖钱洋番一圆。赎契之日,侄边须当备还再照。(画押)

仍约赎契之日,侄边备出中笔资钱明金壹仟零叁拾文正再照。(画押)
　　　　为中　延从(画押)
　　　　代笔　房叔国璋(画押)

注释

①戥:一种小型的秤,用来称金、银、药品等分量小的东西。过戥:用戥称。
②洋番:这里指番银,即外国银币。明清时期多有外国银币流通于中国东南沿海一带。
③光绪贰拾壹年:即1895年。

14. 光绪二十三年(1897年)十二月杜百埋苗田实收字

  立实收字杜百埋,今收得堂弟百考契,卖十二三都漆溪,土名坑头里苗田 斛正。正契内载明纹广银贰拾两正,折制时价伍钱,重过戥洋番壹佰壹拾圆正。随手亲收足讫,并无少短分文。其苗米地段四至俱载正契明白,恐口无凭,立实收字永远为照者。
  光绪贰拾叁年①十贰月　日
    立实收字　杜百埋(画押)
     在见　胞弟百臻
     为中　堂叔延侨(画押)
     代笔　房兄国璋(画押)

注释

① 光绪贰拾叁年:即1897年。

15. 光绪二十三年（1897年）十二月杜百埋卖田契

　　立卖断契杜百埋，原有父手阄分己下苗田壹号，坐落鼎邑十二三都漆溪，土名坑头里安着。受种苗田肆斛正，四至列后。兹因乏用，情愿托中送卖断于堂弟杜百考边为业。即日同中面议，估值时价纹广银贰拾两正。随手同中亲收足讫，中间并无债利侎算准折等情。本田□载苗米肆升正，在十二三都十甲杜聚泰户内推出，入与本都本甲□内弟边前去输粮当差①，两家不得多推少收②。本田系是父手阄分己下之业，未卖之先未曾重典他人财帛。如有内外交加不明，兄边自能前去了解，不累弟边之事。今既卖断之后，本田听凭弟边前去召佃收□印税管业，向后兄边再不敢言及贴赎，妄生枝节情弊。今欲有凭，立卖断契，永远为照者。

　　计开四至：上至邦策田，下至坑，左右俱至坑为界。

　　光绪式拾叁年岁在丁酉十二月　日

　　　　立卖断契　杜百埋（画押）

　　　　　在见　胞弟百臻

　　　　　为中　堂叔延侨（画押）

　　　　　代笔　房兄国璋（画押）

注释

①输粮：指完交税粮，即承担的赋税。当差：指承担的劳役。

②推：指卖主推出；收：指买主割收入户。传统民间田宅典当买卖时需要报请官府办理产权和赋税的过户手续，卖主推出田地与田地需缴之田赋，买主收入田地及附着之田赋。"不得多推少收"，此语是防止买主或卖主谎报数额。

16. 光绪二十四年(1898年)一月杜步音卖屋契

　　立卖断契杜步音,缘有阄分己下屋宇壹透,坐落漆溪,土名坑里衖上厝中厅左边安着。兹因乏用,将本屋取出楼上贰樫,托中送卖断与房叔百考边为业。即日同中面议,估值时价伍钱,重过戥洋番贰拾圆正,即日随手亲收足讫,中间并无债利准折等情。本屋宇系是祖父手阄分己下物业,与房内伯叔侄兄弟无涉。未卖之先,未曾重典他人财帛。如有外交加不明,侄边自能了解,不累叔边之事。今既卖断之后,本屋宇楼上贰樫,听凭叔边前去经改修整管业动用。向后侄边不敢言及贴赎,妄生枝节情弊。三面言定,各无反悔。今欲有凭,立卖断契为照者。

　　光绪贰十四年①岁在戊戌端月　日
　　　　立卖断契　杜步音(画押)
　　　　　在见　堂叔百莹(画押)
　　　　　为中　房叔祖延从(画押)
　　　　　代笔　房叔国璋(画押)

　　仍约不拘远近年间,侄边备出原价赎回契据,叔边不得执留。又约本屋叔边经改以及修整木料,不许叔边毁撤,面约后门路径通行,再照。

注释

①光绪贰十四年:即1898年。

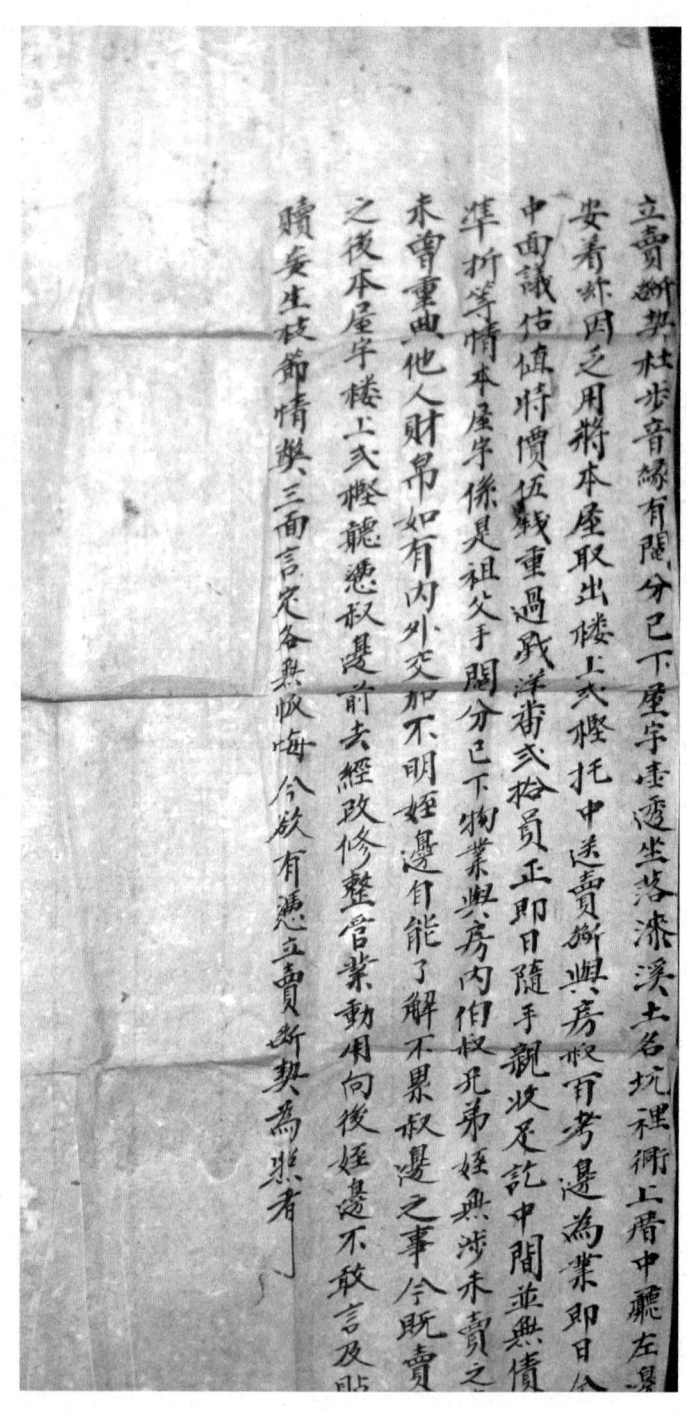

图 2-1-7A 光绪二十四年一月杜步音卖屋契

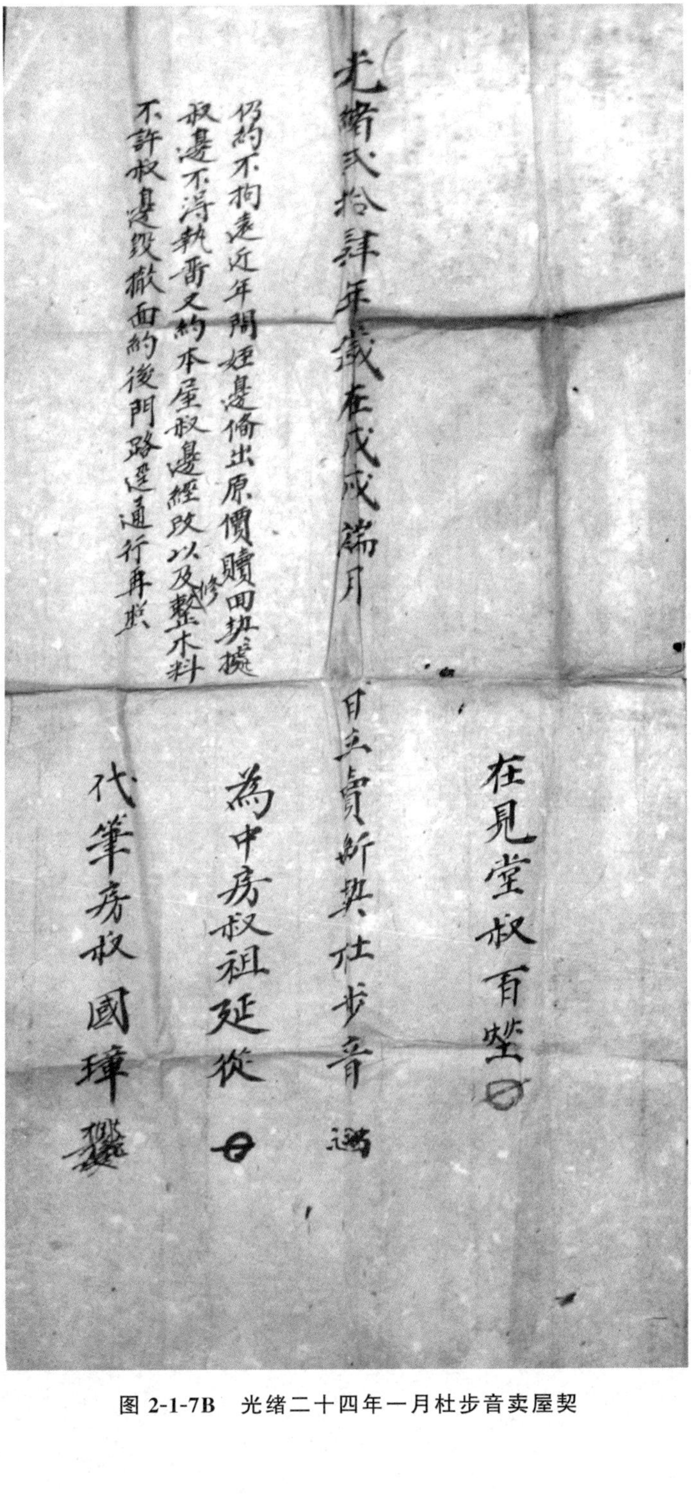

光緒式拾肆年歲在戊戌端月日立賣斷契杜步音遇

仍約不拘遠近年間姪邊倘出原價贖回執據
叔邊不得執拗再又約本屋叔邊經政以及整木料修
不許叔邊毀撤面約後門路還通行再批

在見堂叔百瑩
為中房叔祖延從
代筆房叔國璋

图 2-1-7B　光绪二十四年一月杜步音卖屋契

17. 宣统三年（1911年）三月杜百坑卖山契

　　立卖断契杜百坑，原有祖遗阄分己下□□，并茶楃①园在内壹号，坐落鼎邑十二三都漆溪锁尾下岗坪安着。四至列后。兹因乏用，情愿托中，将本山场并茶楃园在内送卖断与房弟百臻边为业。即日同中面议，时价小洋银壹百贰拾捌角正。随手亲收足讫，中间并无债利准折等情。本山场并茶楃园在内系是祖遗阄分己下之业，与房内伯叔兄弟侄无涉，未卖之先未曾重典他人财帛。如有内外交加不明，兄边自能向前了解，不累弟边之事。今既卖断之后，本山场并茶园听凭弟边前去开掘、种作、采摘、收成、管业，向后兄边不敢言及贴赎，妄生枝、觊觎等情。恐口无凭，立卖断契，永远为照者。
　　计开四至：上至大路，下至溪，左右俱至吴家埋石为界。
　　宣统三年②三月　　日
　　　　立卖断契　杜百坑（画押）
　　　　　见契　男步昌（画押）
　　　　　为中见　侄步连（画押）
　　　　　代笔　房兄国璋（画押）

注释

①楃：闽方言，指树木。
②宣统三年：即1911年。

18. 民国四年(1915年)六月断卖契单

福建国税厅筹备处

给发契单事案,奉财政部电开税契法未经国会议决以前,自应暂照前清章程办理。匿报及短报者如何惩罚,偏僻乡野如何进行,以期普及均应悉心筹画,积极进行。既经定期实行,以后如执有契据之人隐匿不报,逾期之后不给有民国新契者,遇诉讼不足为据,一并函知司法机关认真办理等因。奉此,当以前清税率过重不易征收,而罚则既轻,又未尝实行,致多匿税短税之弊。兹拟轻税重罚方法,卖契照产价征税百分之□典契照产价征税百分之□。如逾定期不税,一经查出,或被告发,罚缴产价八成,分别充公充赏。其短价投税者,亦照所短之数罚缴八成,或照契价收买入官,以示惩儆。经已电奉,财政部,核准照办,并通饬遵照在案。

今据福鼎县业户杜必举于道光十九年十二月 日买受杜为彦田二石五斗,坐落福鼎县十二三都后田地方,东至四至照契,南至、西至 北至、坐向,横□丈□尺,直□丈□尺。邀同中证杜永三议定价银九十六元,依限投税应税银肆元,业已如数收讫,合填契单粘连原契,印给收执管业。须至契单者,每张别收检查大洋壹角,注册费四角,附加捐照算。

<pre>   右给业户杜必举准此</pre>

中华民国四年[①]六月 日给

<pre>   税字第乙千九二号</pre>

注释

①民国四年:即1915年。

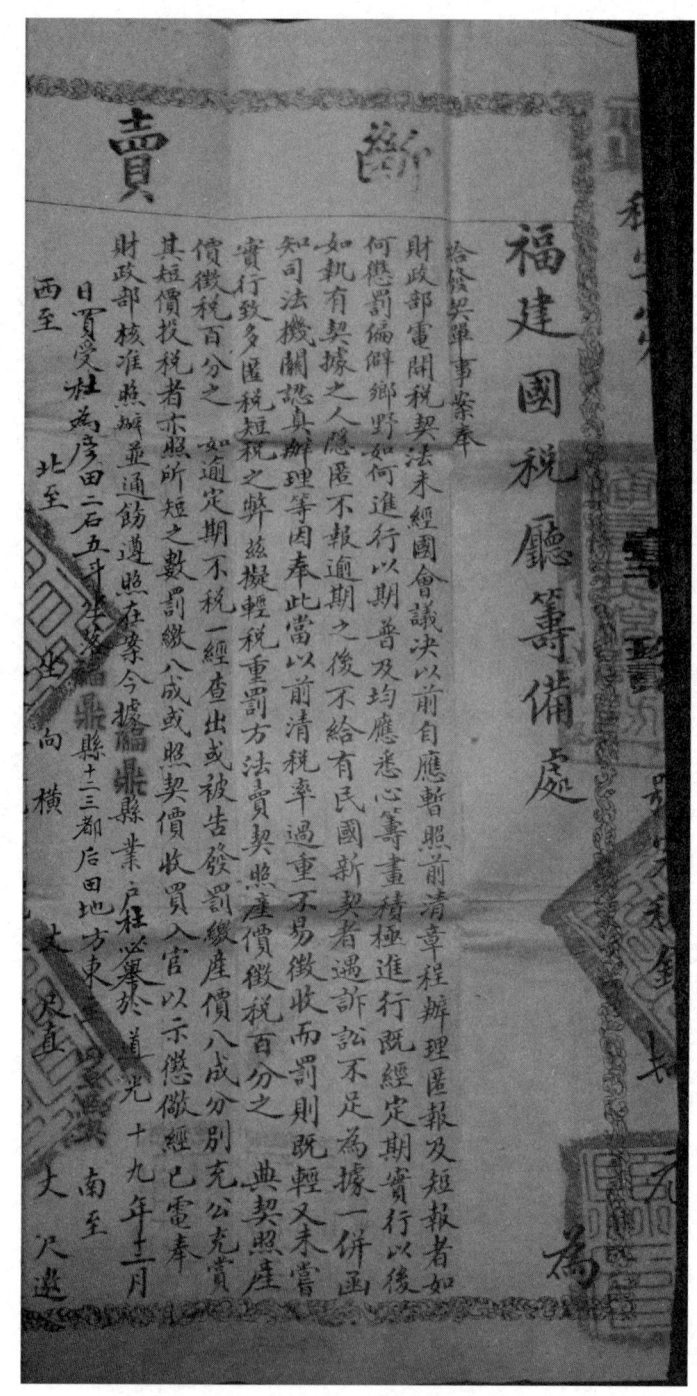

图 2-1-8A　民国四年六月断卖契单

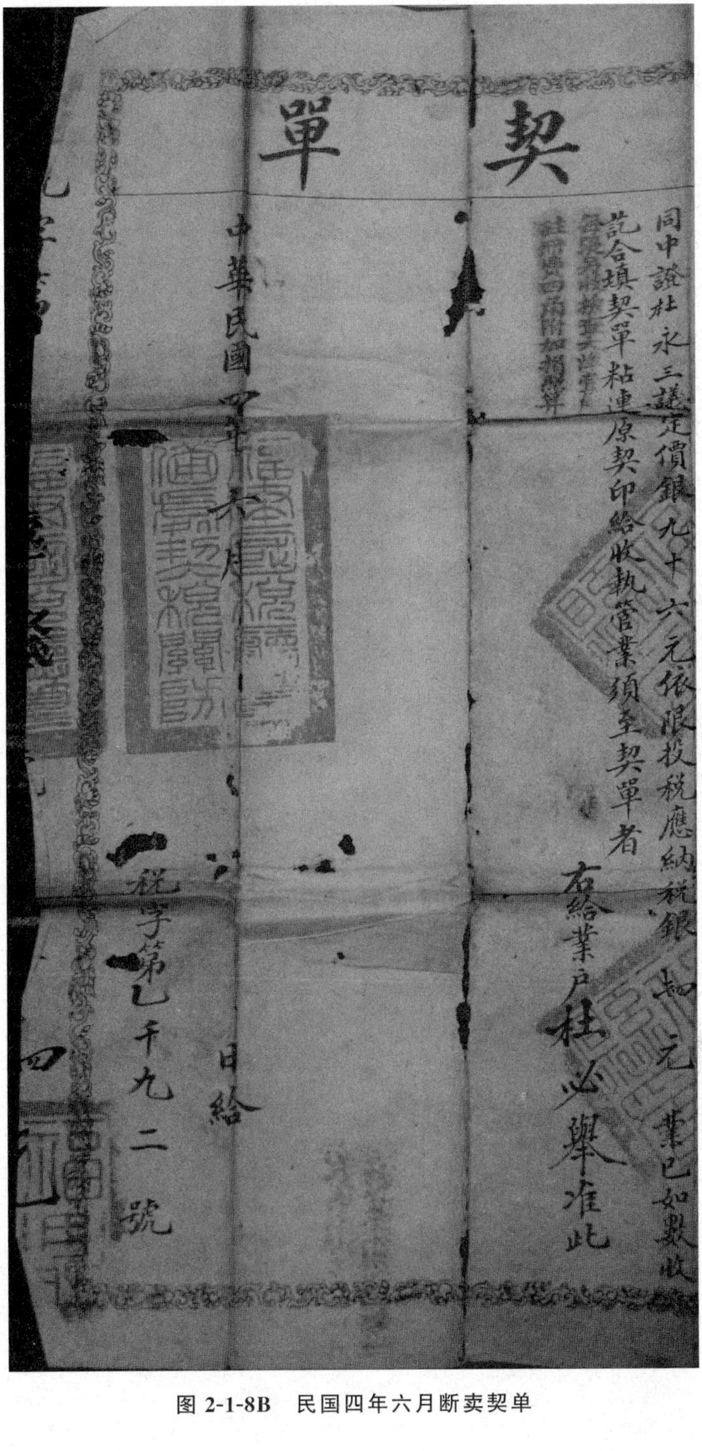

契 單

同申證杜永三議定價銀九十六元依限投稅應納稅銀如□元業已如數收訖合填契單粘連原契印給收執管業須至契單者

註明□□兩附契稅票

右給業戶 杜必舉 准此

中華民國四年六月　　日給

稅字第乙千九二號

图 2-1-8B　民国四年六月断卖契单

19. 民国十四年(1925年)八月杜百魁卖屋契

　　立卖断契杜百魁,原有阄分灰窦壹透,上连椽瓦,下连地基坐落,坐落门楼里祠堂前右边安着。四至载明,前至大沟,后至大墙,左至百树灰娄搹柱,右至步明菜园为界。兹因乏用,情愿托中送卖断与堂兄百榛边为业。即日面议估值,断价小洋陆拾角正,随手亲收足讫,中间并无少短侔利准折等情。本灰窦壹透,未卖之先系是阄分己下之业,与房内伯叔兄弟侄无涉,亦不曾重张典挂他人财帛。如有交加不明,魁边自能向前了解,不累兄榛边之事。今既卖断之后,其灰窦壹透,听凭榛边前去动用、关锁、管业,永为己产。魁边不敢异言阻霸,向后亦不得言及贴赎,妄生枝节情弊。三面言定,各无反悔。恐口无凭,立卖断契壹纸,壹纸永远为照者。其路径出入,由百树壹透,听凭百榛边通行。

　　民国拾四年①岁在乙丑桂月　　日
　　　　立卖断契　杜百魁(画押)
　　　　在见　杜百诵(画押)
　　　　知契　男步灼(画押)
　　　　为中　杜步进(画押)
　　　　代笔　褚放亭(画押)

　　仍约不拘远近年间,备出原价赎回字据,榛边不得执留,或有修补。另魁边备还工洋□科□龙洋若干,再备出中半资小洋□□角正。

注释

①民国拾四年:即1925年。

立賣斷契杜百魁原有闊分灰婆壹連上連樣瓦
下連地基坐落黑路門樓裡祖堂前右邊安著四
至載明前至大溝後至大墻左至百樹灰婆橋柱右至
步明茱園為界茲因乏用情愿托中送賣斷與堂兄
百榛邊為業即日面議估值斷償小洋陸拾角正隨
手親收足訖中間並無兀短俾利准折等情本灰婆壹
連未賣之先係是閬分己下之業與房內伯叔兄姪
無涉亦不曾重張典掛他人財帛如有交加不明魁邊
自能句前了觧不累兄榛邊之事今既賣斷之後其
灰婆壹連听憑榛邊前去動用開領掌業永為己產
魁邊不敢異言阻賴句後亦不得言反悔贖妾生枝節
情樊二面言定各無反悔恐口無憑立賣斷契壹紙存炤

图2-1-9A　民国十四年八月杜百魁卖屋契

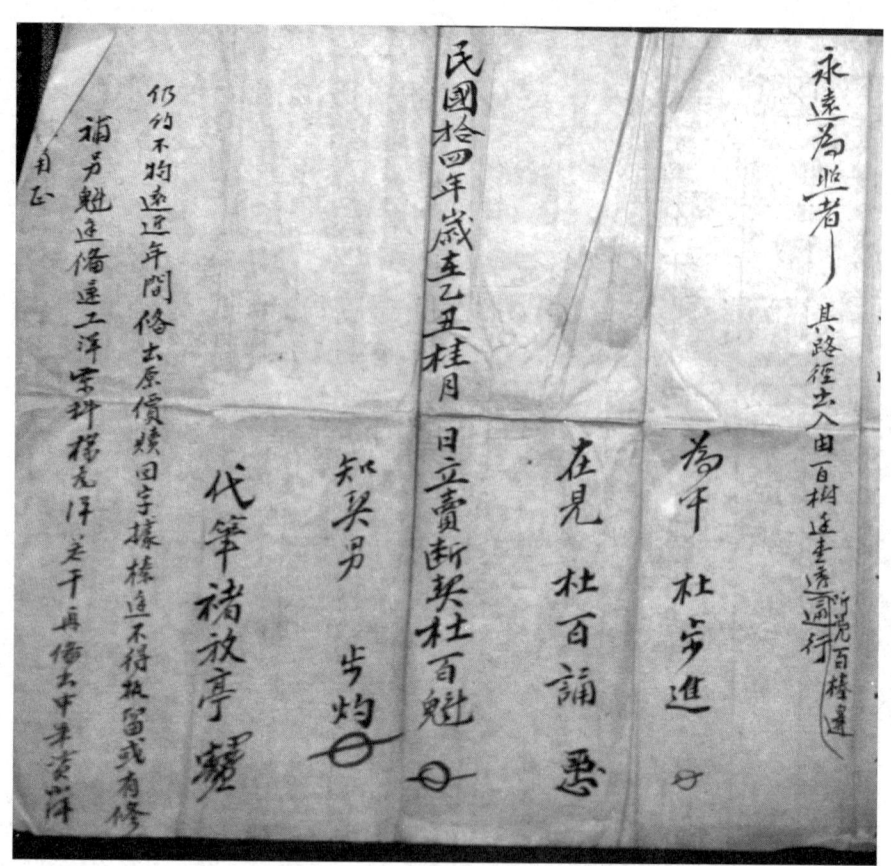

图 2-1-9B　民国十四年八月杜百魁卖屋契

20. 民国十八年(1929年)十二月杜步钗凭票

凭票支出大银四元正,认票。
此照者。
内扶牛兰地基一透为准,银无利牛等无租。

民国十八年[①]十二月廿八日
　　杜步钗(画押)票

注释

①民国十八年:即1929年。

21. 民国二十二年(1933年)八月杜延古卖屋契

立卖断契杜延古,原有祖遗阄分己下瓦屋壹透,系三榈兼地基在内,前廊起 直至后门埕大墙下沟止,又后门左边空埕三分中间抽出二分,俱坐落鼎邑十二三都赤溪地方坑里衕左边横楼安着。四至俱载后。兹因乏用,情愿将此屋并地基及二分之空埕,托中送卖断与族孙步梅边为业。即日同中面议,估值大洋七十圆正,随收足讫,中间并无少短分文,以及债利侔算等情。本屋地未卖之先,系是古边阄分己下清白物业,与房内伯叔兄弟侄无涉,亦未曾重张典挂他人财帛。如有交加不明,古边自能向前了解,不累梅边之事。既卖断之后,其屋地听凭梅边前去住居、修造、动用,永为己产。仍约本屋楼上抽衕①一条,任凭古边人等通行。后厅楼梯楼上并前中堂直至门楼路兼右边廊后门廊,俱准梅边人等往来通行,古边不得异言。此系价足心愿,永断葛藤,向后时价高低,亦不敢言及贴赎、妄生枝节情弊。三面言定,各无反悔。今欲有凭,立卖断契,永远为照者。

内添议字,又改后字再照,再添算(数)字。

计开四至:一透三榈地基,上至椽瓦,下至礤盘地基,前至大廊墘,后至直透后门埕大墙下沟,左至百朱沟,右至凭后厅左边尾步柱直出。又另后门左边空埕三分抽出二分,亦卖梅边动用。后至大墙下沟,前至百瑶己下分,左至百朱沟,右至梅己下地基。

中华民国贰十贰年②岁次癸酉桂月　日
　　　立卖断契杜延古(画押)
　　在见　房侄孙步秋(画押)
　　　　　　　步番(画押)
　　　　　　堂侄百瑶(画押)
　　　为中　步彭(画押)
　　　代笔　衡九(画押)

注释

① 衕:同"衕",巷子。
② 民国贰十贰年:即1933年。

22. 民国二十二年(1933年)十月杜承金拨租票

凭票拨出租共壹百斤正。
　　认票以照。
民国二十二年(1933年)十月冬
　　杜承金(画押)票

23. 民国二十四年（1935年）十二月杜春生立卖断契

立卖断契人杜春生，原有本人祖厝瓦屋贰号，坐落福鼎县漆溪乡白琳区①，土名坑里弄村②上厝房屋贰透安着。四至载名（明），前至路衕，后至花莲琴，左至大听边，右至承爱厝。兹因乏用，情愿托介绍人送卖断与杜步鸿边为业。即日同中值现在时价秋谷合壹拾贰担正，随手亲收足讫，中间并无短少分文以及债利侔算等情。本瓦屋贰透，系是本人祖厝来己业，于房内伯叔兄弟侄毫无干涉。本房屋贰透未卖断之先，亦不曾同张典挂他人财帛。如有内外交加不明，杜边自能向前了理，不累杜边之可（事）。今既卖断之后，该房屋听凭杜边前去居住、管业，永为己产。此系价足心愿，永断葛藤，向后亦不敢言及贴赎，妄生枝节。三面言定，恪无反悔。今欲有凭，立卖断契壹纸，永远为照者。

民国二十四年十二月廿三日
　　　　立卖断契人　杜春生（盖章）
　　介绍人、代笔人同　杜步是（画押）
　　　　　　　　　　　杜承金（画押）

注释

①白琳：清代属十五都白琳村，民国属白琳区，后改名白琳镇。
②坑里弄：赤溪村下的一个自然村，杜氏古村落所在地。

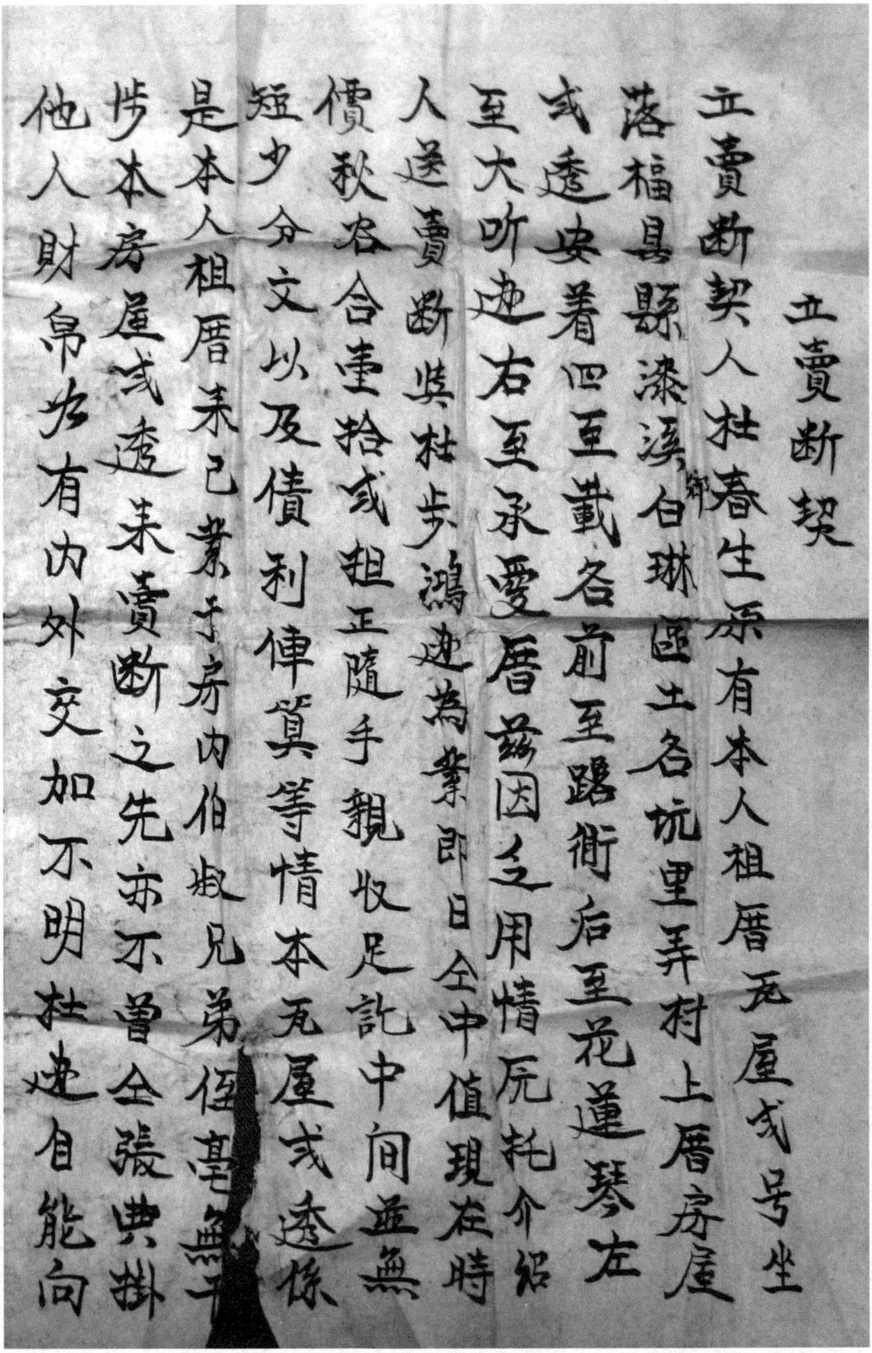

立賣斷契

立賣斷契人杜春生原有本人祖厝瓦屋戈號坐落福安縣漆溪白琳區土名坑里弄村上厝房屋或透安著四至戴各前至蹛衙後至花蓮琴左至大聽迄右互承愛厝茲因乏用情厝託介紹人送賣斷與杜步鴻迄為業即日仝中值現在時價秋谷合壹拾戎擔正隨手親收足訖中間並無短少分文以及債利俥算等情本瓦屋戎透條是本人祖厝未己業手房內伯叔兄弟伍亳無干步本房屋戎透未賣斷之先亦不曾仝張典掛他人財帛為有內外交加不明杜迄自能向

图 2-1-10A　民国二十四年十二月杜春生立卖断契

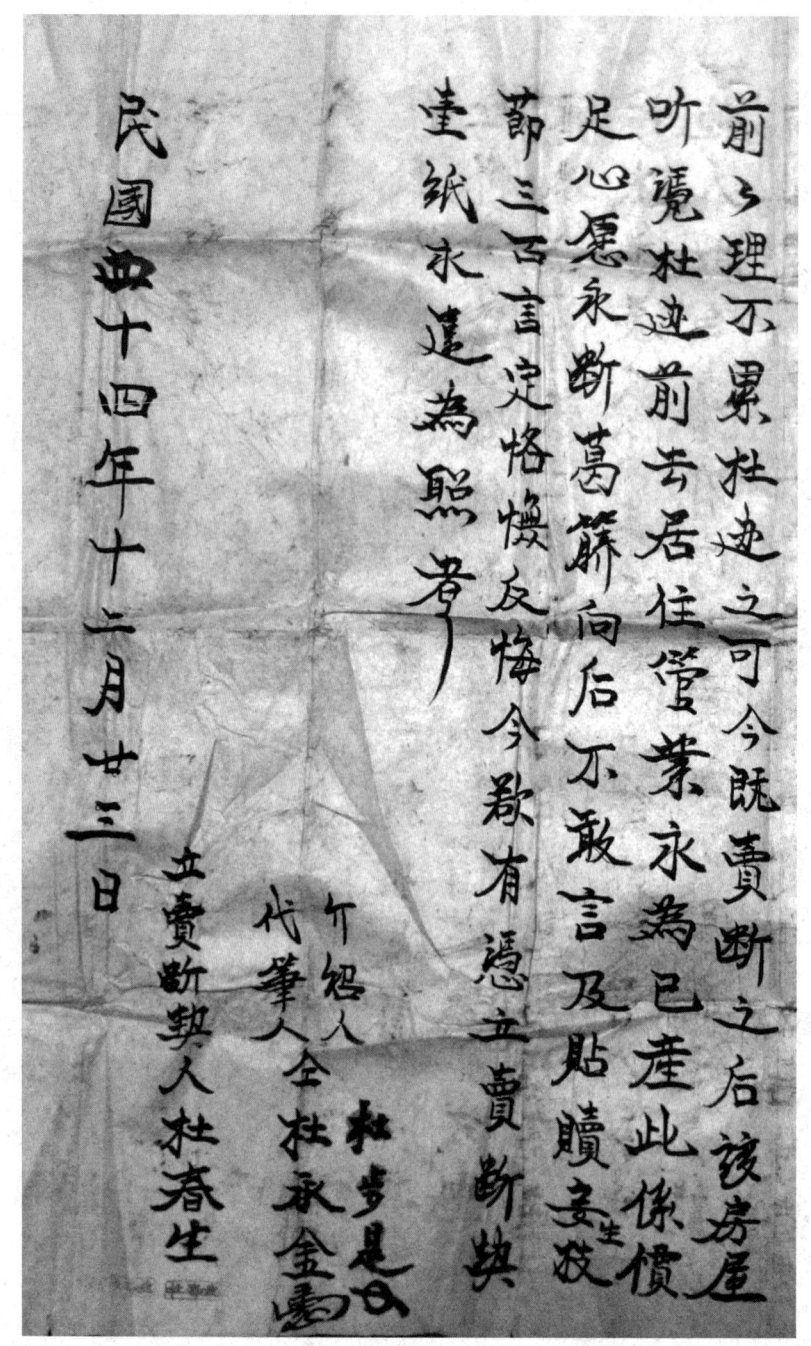

图 2-1-10B　民国二十四年十二月杜春生立卖断契

24. 民国三十五年(1946年)二月杜步城山场合同

  立合同分看批杜步城,今向房侄承辉边承来看管留篆山场竹林并杉木贰片,俱坐落鼎邑十二三都七溪地方,土名虾微岗安着。里塆壹片,竹母叁百株;外塆一片,竹母四百叁十株。共竹母七百叁十株。面约里外塆山内抽出最大的杉木五十株,系是山主之额寄在山内,其余照例匀分。又约外塆松柴亦照例匀分,里塆松柴仍还山主。兹既承来看管留篆,仍约将来出判之日,该杉木、松柴、槁柴三种,山主应六、留篆人应四匀分,该猫竹对半匀分。又约看至承辉年龄十八岁,即民国四十二年冬,将山场并竹母七百叁十株交还承辉管业。而交还之日,该山内所剩小株杉木从壹尺起至以上者,必须估价,照上例津贴留篆人,从一尺以下并猫竹七八寸者,仍还承辉边。而城边不敢异言阻霸,亦不得执留批约。此系三面言定,两家无悔。今欲有凭,爰立合同,分看批二纸,各执一纸为照。

  合同为照
  民国卅五年①二月　日
    立合同分看批　杜步城(画押)
      公证人　步炉(画押)
      侄　承辉(画押)

注释

①民国卅五年:即1946年。

立合同分看批杜步城今佃厝偶承群边承来

看官留镍山场竹林並杉木式尾俱坐落坵号第

二三都七溪地方土名蚵嵌筒婆程堘并尾竹母

叁百株外诱堘尾竹母四百叁十株廿仅母七十叁上

株两约程外诱山内抽出最大杉木伍拾株借连

山主之颖寿在山内其馀照例分分又约外诱松

柴东照例分分程堘松柴仍还山主出坯该杉木松

未看官留镍仍约办未出坯之日该杉木松

柴槁柴三桓山主應六留出镍人應四分分该

猫竹对半分分又约着至承群年龄十八歲即

民国四十二年冬将山场並竹母七百叁十株分分

承群管業而交还之日该山内所剩小株杉木

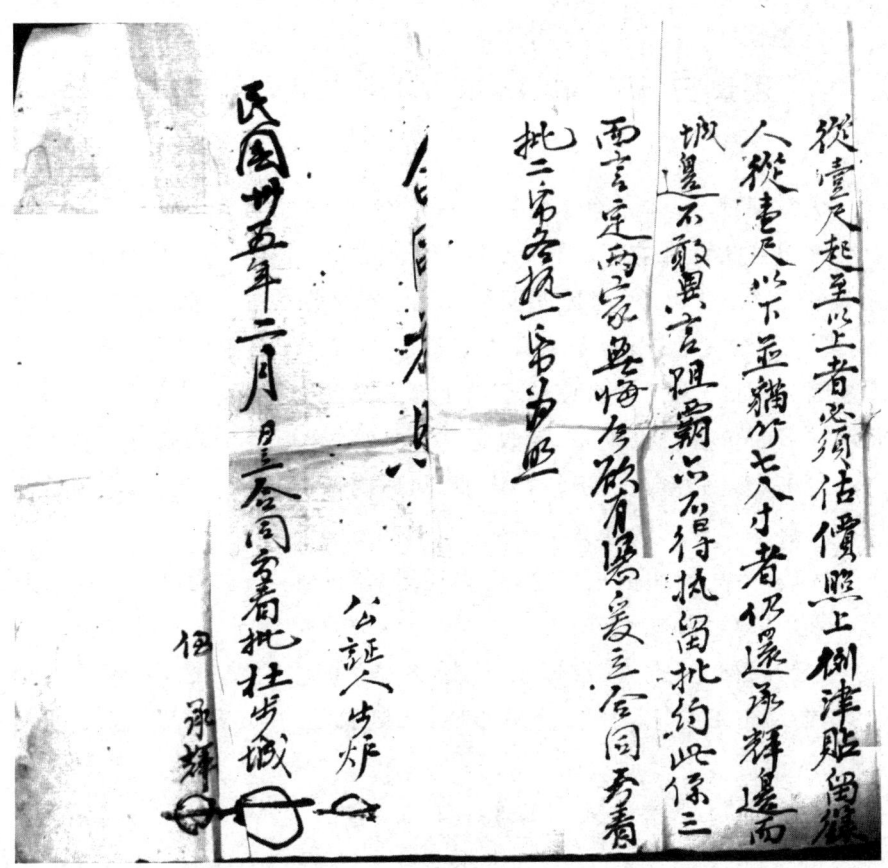

图 2-1-11B 民国三十五年二月杜步城山场合同

25. 民国三十七年(1948年)十二月杜步苏卖屋契

立卖断契杜步苏,原有承管嗣人百瑶遗产,阄分己下住居瓦屋一透,坐落鼎邑磻溪乡漆溪保坑里衕村,土名横楼安着。该屋全座连大厅计共七透,苏应阄分左边,弟贰透,乙边四至载明,前至廊前天井滴水,后至后门埕大墙,左至承滑乙透毗连,右至承辉乙透毗连,上至椽瓦壁柱,下至礤石地基为界。兹因乏用,情愿托中将该屋乙透全部送卖断与族兄杜步其为业,即日同中面议估值断价谷□百勔正,随收足讫,中间并无短少斤粒以及债利侔算等情。该屋未卖之先系是己下清白产业,与房内伯叔兄弟□无涉,亦未曾同张典挂外人财帛。如有内外交加不明,苏边自能向前了解,不累其边之事。今既卖断之后,听凭其边前去修理,择吉迁居,印税管业,永为己产。向后时价高低,苏边不敢言及帖赎花红①安生枝节情弊。仍约至与本房内公众共有之大厅、天井、神堂、香火、空埕水井、道路、厕基、牛栏、猪栏,亦听凭其边照常通行,向后不敢异言阻霸,价足心愿,永断葛籐。今欲有凭,立卖断契乙纸,永远为照者。

中华民国戊子②叁拾柒十二月　日
　　　　　　　　　　不用
　　立卖断契　杜步苏(画押)
　　　在见　杜家酒(画押)
　　　同见　杜步耕(画押)
　　　为中见　承滑(画押)
　　　代笔　春生(画押)

注释

①花红:在房屋买卖契约中,花红钱是卖主在原建屋时所花费的祭祀土地神、请人看住宅风水等费用。

②民国戊子年:即民国三十七年,1948年。

立賣斷契杜步燕原有承管鬮父百瑤遺產鬮分己下住居瓦屋一透坐落禺邑瑯溪鄉漆溪保坑裡衞村土名橫樓安着該屋全座連大廳計共七透燕應鬮分五迹弟叔透二透四至戴明前至廊前天井滴水後至后門堦大墙左至承滑二透毗連左至承輝二透毗連上至椽瓦壁柱下至磉石地基為界茲因乏用情愿托中將該屋二透全部送賣斷與族兄杜步其為業即日全中面議估值斷價谈谈百功正遂收足託中間至無短少斤粒以及債利陳糾等情該屋未賣之先係是己下清白產業與房內們叔兄弟無涉亦未曾全張典掛外人財帛如有內外交加不明燕迹自能向前了辧不累其迹之事今既賣斷之後聽憑其迹前去修理擇吉遷居印稅管業永為己產向后時價高低燕迹不敢言及貼贖花紅安生枝節情愿仍約至與本房內公衆共有之大廳天井神堂香火空埕小井道路厠基牛欄猪欄亦照應其迹照常通行向后不敢異言阻霸價足心愿永斷萬緣

图 2-1-12A　民国三十七年十二月杜步苏卖屋契

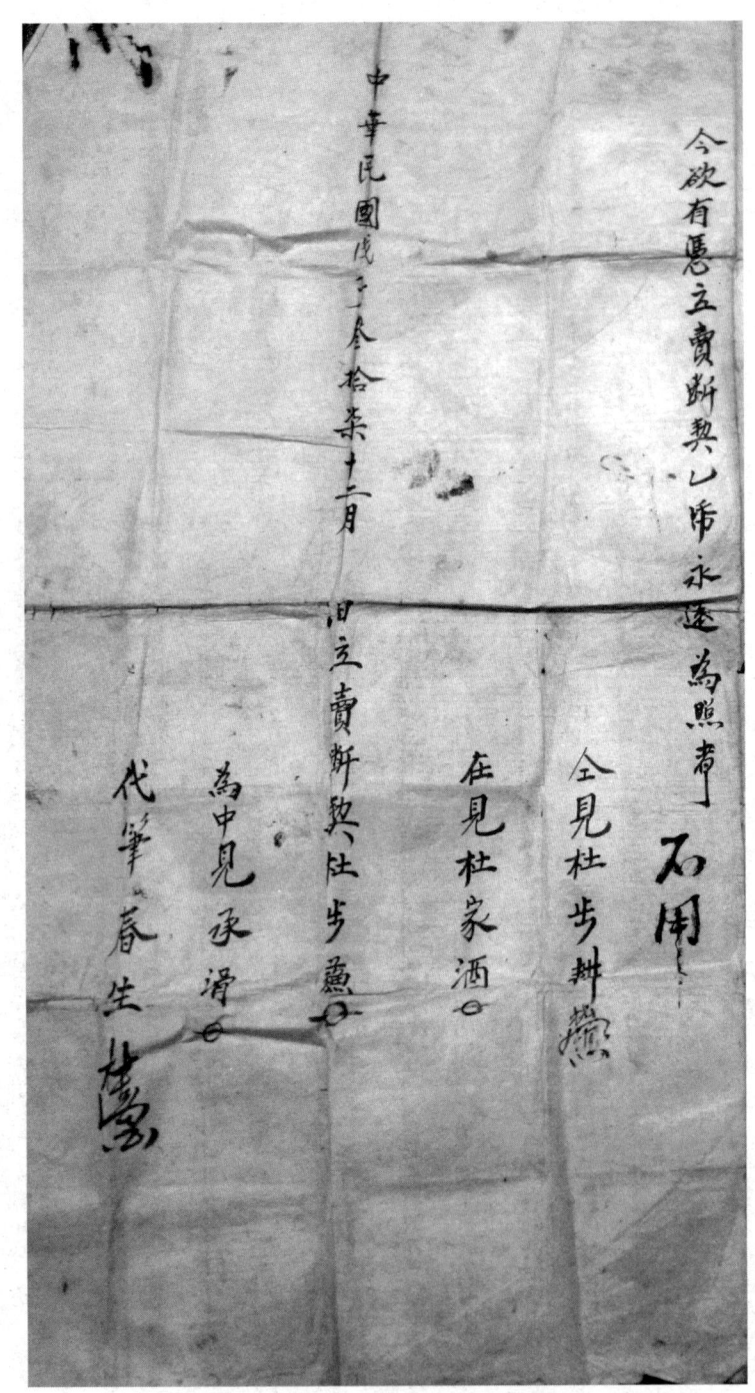

图 2-1-12B 民国三十七年十二月杜步苏卖屋契

二、漵城契约

1. 雍正元年(1723年)四月杨若享卖屋契
2. 嘉庆三年(1798年)十二月杨绍贤卖屋契
3. 道光十年(1830年)十二月杨阿应卖屋契
4. 同治二年(1863年)十二月平、心房阄书
5. 同治四年(1865年)四月黄昌辉、黄昌化、黄昌荀卖地基契
6. 同治八年(1869年)十二月周志恒田地脱断批
7. 同治十二年(1873年)十月杨季诗卖吉地契
8. 光绪六年(1880年)十一月杨阿古熟园根批
9. 光绪十二年(1886年)二月王步福典屋契
10. 光绪十四年(1886年)十二月杨茂顶房屋根批
11. 光绪二十三年(1897年)十二月杨茂集苗田加当契
12. 宣统二年(1910年)十二月王步云卖熟园契
13. 民国十年(1921年)十二月梁池古卖田契
14. 民国十八年(1929年)十二月江修泽、江修珍卖田契
15. 民国十九年(1930年)四月卖契
16. 民国二十年(1931年)五月卖契
17. 民国二十七年(1938年)证明书
18. 民国二十八年(1939年)七月杨德忠卖熟园契
19. 民国二十九年(1940年)十二月谢友竹、谢友求卖熟园契
20. 民国三十年(1941年)叶开兴卖田契
21. 民国三十四年(1945年)十二月杨宗昭典园契
22. 民国三十七年(1948年)十二月叶开森典田契

23. 1952年4月土地房产所有证
24. 彭坑村过户单

1. 雍正元年(1723年)四月杨若享卖屋契

立卖断契叔杨若享，原有祖遗阄分己下瓦屋壹座连地基，坐落九都潋城横街，土名金盘里安着，四至列后。为因乏用，情愿托中，将瓦屋并地基连门楼两庑余地并前后埕，上至椽瓦，下至礤石地基，以及大小门户板壁并门楼路杨王通行，尽卖断与杨侄士聪边为业。即日凭中面议，得出时价纹广银壹百贰拾两正，随手亲收足讫，中间并无俾算等情。其瓦屋未卖之先，不曾重张典挂他人财帛，亦与房分伯叔兄弟侄孙无涉。如有交加不明，享边自能了解，不累买主之事。既卖断之后，任从聪边召佃管业，永为己产。此系价足心愿，向后时价不同，享边不敢言及贴赎，亦不敢另生枝节情弊。三面言定，各无反悔。今欲有凭，立卖断契为照。

内寄典字，再照（画押）

计开四至：

一正屋，东至东家园，西至金家门楼路，南至街路，北至王家墙后至金家门楼路。

一两庑地一片，东至缪家墙，西至杨王公路，南至街路，北至杨王公路。

雍正元年①岁癸卯四月　日

　　立卖断（契）　叔杨若享（画押）

　　　　见　　杨其得（画押）

　　　　为中　　王□广（画押）

　　　　代笔　　林□□（画押）

注释

①雍正元年：即1723年。

2. 嘉庆三年(1798年)十二月杨绍贤卖屋契

　　立卖断契杨绍贤,今有祖遗瓦屋叁榈,左右榭屋各壹透并地基,东至墙外王家路,西至墙外金家门楼路,南至墙外街路,北至王家墙。又门楼外余地壹片,东至缪家墙,西至王杨公路,南至墙外街,北至王杨公路。坐落九都潋城内庆云境①,土名金盘底安着。为因乏用,情愿将贤应分厅旁右边住屋壹榈,共贰樫,后厨房壹樫,并前后厅,上至椽瓦,下至磉石,以及屋内门板户搧前后埕泥石等项,贤合四股之一,又余地四股之一,托中送卖断与堂弟绍文为业。即日面议,价钱叁拾肆千文,随手亲收足讫,中间并无俥准等情,亦不涉房分伯叔弟侄之业。本屋并地基未卖断之先,不曾重典别人财物。既卖断之后,随即移搬别处,听凭弟边择日修整、住居。两家情愿,向后再不敢另生枝节,言贴言赎。今欲有凭,立卖断契,久远为照者。

　　嘉庆叁年② 拾贰月　日
　　　　立卖断契　杨绍贤(画押)
　　　　为中　许允仪(画押)
　　　　代笔　李元侯(画押)

注释

①庆云境:潋城古堡城南门称庆云境。
②嘉庆叁年:即1798年。

3. 道光十年(1830年)十二月杨阿应卖屋契

立卖断契杨阿应,原有祖遗瓦屋阄分已下应撇厦右边一透,坐落九都潋城横街庆云境,土名金盘底安着。为因乏用,托中将瓦屋并地基连门楼余地,前后厅神堂、前后埕面前路边余地一片,四股应分之一瓦屋,上至椽瓦,下至磉石,所应分余地一块,尽卖与侄奕麟边为业。即日凭中面议,得出时价铜钱壹拾捌千文正,随手收讫,并无准折等情。未卖之先,不曾重张别人财物,亦不涉及房分伯叔之业。如有交加不明,自能了解,不累侄边。既卖断之后,四股所应分一股之业尽归麟边修整、动用、管业。向后时价不同,不得言及贴赎,另生枝节情弊。今欲有凭,立卖断契,永远存照者。

一瓦屋连地基,坐落祖屋右边撇厦安着;一门楼外余地一片,应分一半,东至灰厂墙,西至王家地,南至城,北至路;一门楼边余地一片,四股应分一股,东至陈家墙,西至杨王公路,南至大路,北至杨王公路。

道光拾年①拾贰月　日
　　立断契　杨阿应(画押)
　　为中　　沈如善(画押)
　　代笔　　黄其成(画押)

注释

①道光拾年:即1830年。

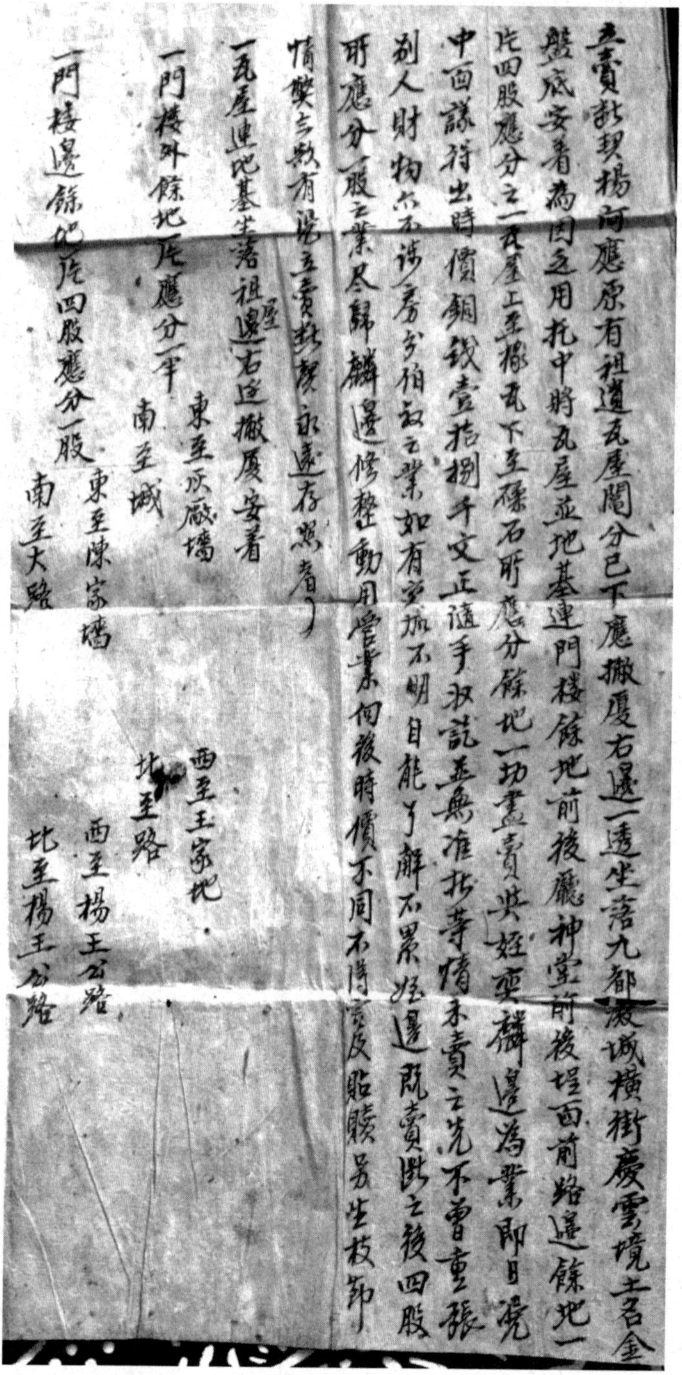

立賣訖契楊阿應原有祖遺瓦屋壹間分已下廳撤廢右邊一透坐落九都後诚橫街慶雲境土名金盤底安着為因乏用扎中將瓦屋並地基連門樓餘地前後廳神堂前後埕面前路邊(餘地一此四股應分之一及屋上栗橺瓦下至礎石所應分餘地一功盡賣與姪要麟邊為業即日憑中面議時價銅錢壹指捌千文正隨手收訖甚為准扎等情承賣主先不曾重張別人財物亦不誤房分惆幻之業如有多端不明自能了辨不累買主應分股之業盡歸麟邊修整動用堂業倘後時價不同不得言及贴贖另生枝節情愿兄熟有得立賣契愛永遠存照者）

一瓦屋连地基坐落祖遺分平 東至永戚墙 西至王家地 比至路
一門樓外餘地尾應分平 東至陳家磁 西至楊王公路 比至路
一門樓邊餘地尾四股應分一股 南至大路 東至 西至 比至楊王公路

图 2-2-1A 道光十年十二月杨阿应卖屋契

道光拾年拾贰月 日立卖断契杨阿应

为中沈如善

代笔黄其成

图 2-2-1B　道光十年十二月杨阿应卖屋契

4. 同治二年(1863年)十二月平、心房阄书

　　立阄书平心两房：平房毓麟、心房振麟。平房生有四子，分作元、亨、利、贞四房。但心房单生一女，未见生男，将为亨、贞两房承继与心房以为嗣子，接代宗支，永不失序。原有定例，但兄弟窃慕九世同居之高风，岂宜一旦分居两各爨，第生齿①日繁，家口浩大，屋宇狭窄，田园微薄，是以兄弟相商，敦请族戚公议将祖父己置屋宇、田产、山场、园圃余业，其截长补短，高低品搭，肥瘦均匀，放神祖堂前拈阄。四房均分明白，俱系至公无私，兄弟各宜安分，照阄管业，向后不得言长、短语、争竞。惟愿兄弟和睦，相顾世代守业，长发其祥。爰阄书四本一样，各执一本，永远存照者。

　　阄分屋宇、田产、园圃余业开列于后：

　　一新屋坐落九都潋城上街安着，明楼七透正，以及厨房、门楼樫、书堂屋仔余地品搭，四房均分。

　　长房正屋大厅边左边一透，又左边尾透应后一樫，又左边厨房一透前三樫，又左边两庑地应下截，又书堂仔上截二透半，又门楼外灰厂应半。

　　次房正屋大厅边右边一透，又右边尾透后一樫，又右边厨房一透前三樫，又右边两庑上截二透，又右边两庑尾余地上截应半，又右边门楼樫应一樫。

　　三房正屋左边第二透一透，又左边尾透前一樫，又左边厨房一透后三樫，又左边两庑地应上截，又书堂仔下截二透半，又左边门楼樫一樫，又门楼外灰厂应半。

　　四房正屋应右边第二透一透，又右边尾透前一樫，又右边厨房一透后三樫，又右边两庑尾透一樫，又右边两庑尾余地外截，前门楼边屋仔三樫。

　　长房分水碓②壹座三透，坐落潋城东门外安着，与长房管业。

　　次房分横街旧屋左边二透，并左边两庑余地以及左边后门厨房一座，又左边园里应半，又横街灰厂应半，又粪池应半，宫边大园里应上截。

　　三房分酒店一座三透，坐落潋城东门外安着，并店后门余地，与三房管业。

　　四房分横街旧屋右边二透，及后门右边厨房一座，又右边园里一半，又

面前园里一厅(连灰厂一座在内),横街灰厂应半,又粪池应半,宫边大园里应下截。

一抽元、亨、利、贞四房轮流祭扫。公田坐落九都潋城南门外,土名田后洋田,捌斗半正。又号土名南门仔田,贰斗正。又号土名龙潭田上,肆斗正。

例年抽出租谷五担,交还平、心两房共收。

又长元房管水碓己下抽出东坡浿边田,贰斗正,充满轮流祭扫。

又轮流公田,土名田后洋田,捌斗半。为因贞房产业维薄,兄弟叔侄相商,将此捌斗半内,抽出苗田壹斗半付与贞房管业,永为己产。

一抽长子田,坐落九都潋城东门外,土名塔下田,五斗正。后付长孙。

长元房东坡田,壹箩壹斗正。又号小磘田,玖斗正。又号土名浿边田,贰斗正。又熟园壹号,土名垄齿石安着内浿边田贰斗,因分水碓抽出,贴为轮流祭扫。

次亨房墓仔前田,壹箩贰正,又号土名箩里坑田,肆斗正。又号土名黄坭圻田贰斗正,又号龙潭田下,肆斗正,又熟园壹号,土名垄齿石安着。

三利房东坡田上陆斗正,又号水碓边田捌斗正,又号小磘田下陆斗正,又号赤竹下田叁斗正,又熟园壹号,土名箩里坑安着。

四贞房东坡田上捌斗正,又号南山田陆斗正,又号亭边田叁斗正,又号青石桥田贰斗正,又号瓜园田叁斗正,又熟园壹号,土名南山③安着。

例年各房抽出租谷十担,以为平、心两房养膳④。向后公事清楚,各房凭阄书各管各业。

同治二年十二月　日　立阄书
　　平房　杨毓麟(画押)
　　心房　杨振麟(画押)
见阄书　女婿:叶怀埙(画押)
　　　元房:资乾(画押)
嗣男:亨房资忠(画押)
　　　利房资云(画押)
嗣男:贞房资魁(画押)
　　代笔　黄兆麟(画押)

注释

①生齿:古时以婴儿长出乳齿后才登入户籍,借指人口、家口。

②水碓:借水力舂米的工具。

③南山:民国时期属秦屿镇冷城保南山村,现为潋城下的一个自然村。

④养赡:供养资助。

5. 同治四年(1865年)四月黄昌辉、黄昌化、黄昌荀卖地基契

立卖断地基契黄昌辉同弟昌化、昌荀，原有叔公手己置地基一所，坐落九都潄城城内庆云境，土名下仓安着。四至具载契内，东至王家，西至王家地，南至杨家墙，北至金家大厅，前后对值中庭一半。其门楼井路任从杨金两姓通行外，又有右边余地壹片，四至开载，东至杨家墙，西至王家地，南至金家地，北至正屋厦值上后门安着。为因乏用，托中送卖断与杨资忠、杨资魁边为业。即日凭中面议，得出卖断时价铜钱壹拾壹千文正，随手亲收足讫，中间并无俾准等情。地基未卖之先，不曾重典外人财物，亦于房分伯叔兄弟侄无涉。如有交加不明白，黄边自能向前了理，不累杨边之事。地基既卖断之后，任从杨边召佃、种作、收租、印税、管业，永为己产。即卖即断，向后时价不同，再不敢言及贴赎，另生枝节情弊。三面言定，各无反悔。今欲有凭，立卖断地基契，永远为照者。

　　计开四至

　　同治四年①四月　　日

　　　　立卖断地基契　黄昌辉（画押）

　　　　见契　胞弟昌化（画押）

　　　　　　　　昌荀（画押）

　　　　为中　徐敬优（画押）

　　　　　　　詹恒盛（画押）

　　　　代笔　陈本英（画押）

注释

①同治四年：即1865年。

立卖断地基契黄昌辉仝弟昌化昌荀原有叔公手已置地基一所坐落九都澈城因庆云境土名下仓安着四至具载契内东至王家西至王家地南至杨家墙北至金家大厅前后对值中庭一半其閂楼井路任从杨金两姓通行外又有右遇餘地壹尺四至开载东至杨家墙西至王家地南至金家地北至正屋厦值上后门安着为因乏用托中送卖断与杨资忠杨资料边为业即日愿中面议得出卖断时价银钱壹拾壹[？]千文正随手亲收足讫中间並無准等情地基未卖之先不尊舆叔人财物亦于房分伯叔兄弟仔孙無涉如有交加水明黄遍自能向前了理不罣杨遍之事地基既卖断之後任从杨遍召佃种作收租印税管业永为己産即卖即断向後時價不同再不敢言及贴赠另生枝節情愿三面言定各爱恤今欲有憑立卖断地基契永遠為炤首

計 呌 至

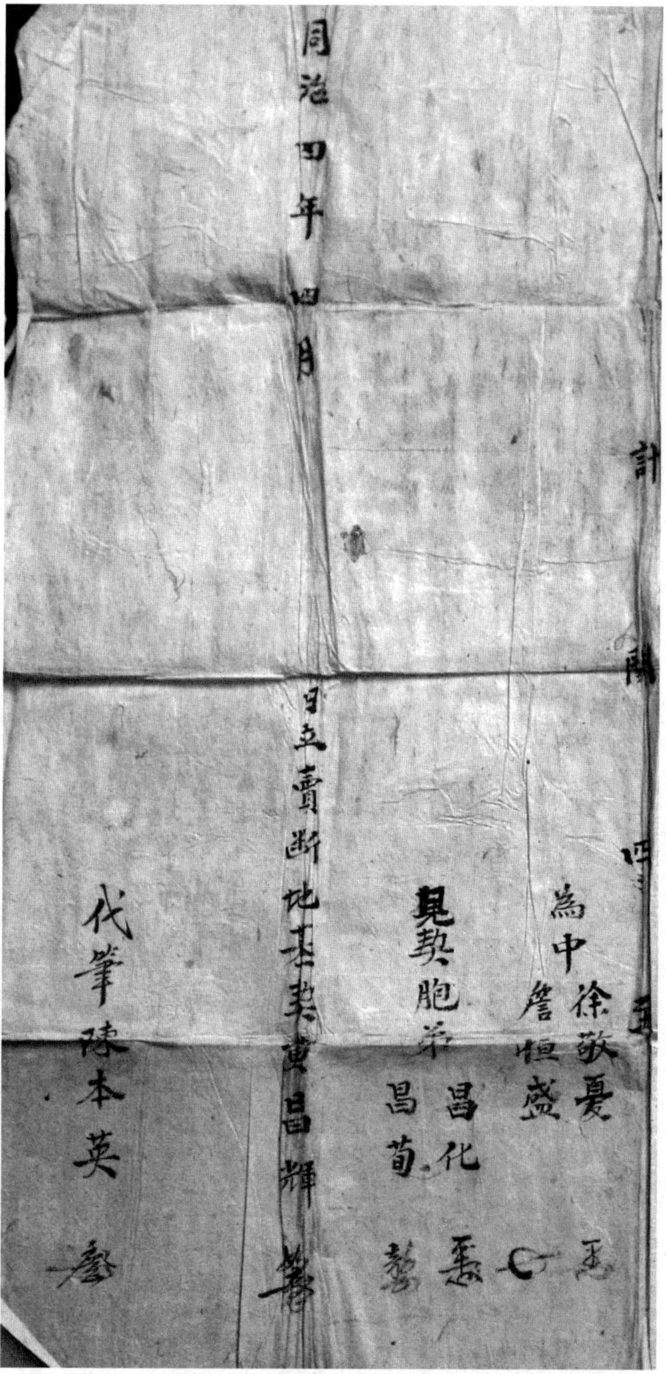

同治四年四月

計開

立賣斷地基契黃昌輝等

為中 徐敬憂
詹恒盛

見契胞弟 昌化
昌荀

代筆陳本英

图 2-2-2B　同治四年四月黄昌辉、黄昌化、黄昌荀卖地基契

6. 同治八年(1869年)十二月周志恒田地脱断批

　　立脱断批周志恒,原有父手承来考坪宾兴田五号:壹号坐落九都潋城西门外①,土名灵峰寺②田四斗正,又号四箩洋尾田五斗正,又号尼姑井田壹斗正,又号鲤鱼尾田二斗正,又号南塆田四斗正,共受种苗田壹箩陆斗正。为因乏用,情愿托中送脱断于(与)杨茂顶边为业。即日同中面议,脱断时价铜钱贰拾伍千文正,随手亲收足讫,中间并无俥算准折等情。未脱之先,不曾重典他人财帛。既脱断之后,其田任从杨边种作、收租、管业,周边脱断并无取赎。三面言定,各无反悔。恐口无凭,立脱断批一纸为照者。

　　同治八年③十贰月　　日
　　　　　　立脱断日批　周志恒(画押)
　　　　　　为中见　　杨存杰(画押)
　　　　　　代笔　　陈达明(画押)

注释

①西门外:潋城下的一个自然村。
②灵峰寺:位于潋城西侧。
③同治八年:即1869年。

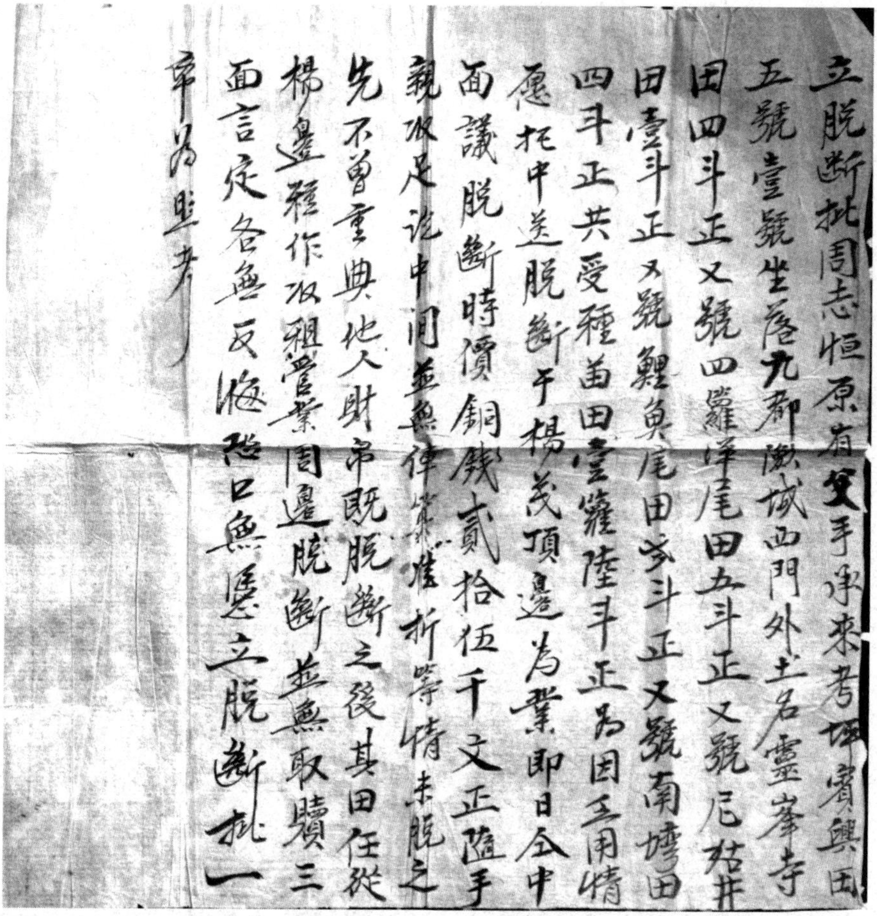

立脱断批周志恒原有置手承来考田宾兴田五号壹号坐叄九都激城西门外土名灵峯寺田四斗正又号四号洋尾田五斗正又号尼姑井田壹斗正又号鲤鱼尾田二斗正又号南塘田四斗正共受种苗田壹垅陆斗正为因今用情愿托中送脱断于杨茂项边为业即日仝中面议脱断时价铜钱贰拾伍千文正随手亲收足讫中间并无债当准折等情未脱之先不曾重典地人财帝既脱断之后其田任从杨边耕作收租管业同边脱断并无取赎三面言定各无反悔恐口无凭立脱断批一章为照井

图2-2-3A 同治八年十二月周志恒田地脱断批

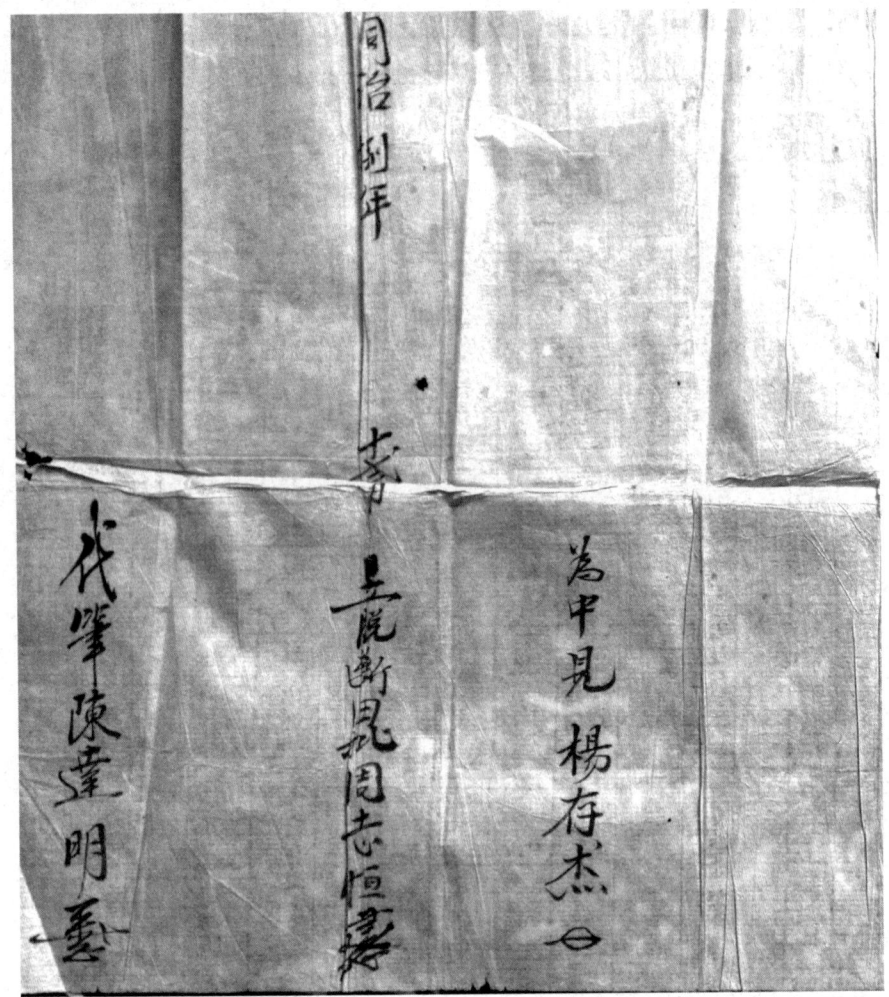

图 2-2-3B　同治八年十二月周志恒田地脱断批

7. 同治十二年(1873年)十月杨季诗卖吉地契

　　立卖断吉地契杨季诗,原有吉地乙穴,坐落九都潋城南门外陶二宫山上,卢家墓下,季诗祖墓坟边左边安着。四至开明,上至卢家墓,下至横路,左至路,右至季诗祖坟边为界。今因乏用,情愿祖坟边托中送卖断与族兄振麟边迁葬。即日凭中面议,得出卖断时价纹广银叁两正,随手收讫,中间并无俾准等情。本吉穴未卖之先,不曾重典外人财物,亦于别房伯叔兄弟侄孙无涉。如有内外交加不明,弟边自能向前了理,不累兄边之事。既卖断之后,本吉穴任从兄边迁葬、管业,永为己产。即卖即断,向后时价不同,不敢言及贴赎,花红山价一切在内,亦不敢另生枝节等情。三面言定,各无反悔。今欲有凭,立卖断吉地契,永远存照者。

　　同治十二年①十月　　日
　　　　　　立卖断吉地契　杨季诗(画押)
　　　　　　　　为中　　　杨存若(画押)
　　　　　　　　代笔　　　黄振麟(画押)

注释

①同治十二年:即1873年。

8. 光绪六年(1880年)十一月杨阿古熟园根批

　　立根批杨阿古,原有祖遗阄分熟园乙号,坐落本城内横街安着。古分在右边上截之额,受种熟园种烟,现有五百零陈之则。今因乏用,托中送根于堂兄民顶为业。即日同中得出六钱柒分,重洋番肆圆正。弟边随手收清足讫,中间并无俾算等情。本园未根之先,不曾重典外人财物,亦于别无涉。如有有交加不明,自能了理,不累兄边事。今根之后,任凭兄边召佃、种作、收租、管业。其园面约不拘远近年间,弟边备出本契内原价赎回,兄边不得执留之理。如或无银取赎,任凭兄边种作,弟边永无异言。恐口无凭,立根批一纸为照者。

　　光绪庚辰[①]六年十一月　日
　　　　立根批　杨阿古(画押)
　　　　　为中　程阿康(画押)
　　　　　代笔　王萼廷(画押)

注释

①光绪庚辰年:即光绪六年,1880年。

9. 光绪十二年(1886年)二月王步福典屋契

立典契王步福,原有祖遗阄分己下居住瓦屋壹座,坐落潋城上街大门楼里安着。今因乏用,情愿托中,将本屋左边正座壹透及至左边廊庑贰樫又厨房壹樫,并前后埕余地一切在内,送典于杨茂顶边为业。即日同中得出伍钱捌分,重洋番捌圆正,随手收讫,中间并无俾折等情。本屋未典之先,不曾典挂外人财帛,亦于别房无涉。今典之后,面约期至本年四月中间,王边备出本契内价银赎回,杨边不得宿留字据之理。至期若无银取赎,其屋任杨边批价、收租、管业,王边不敢异言。恐口无凭,立典契乙纸为照者。

光绪丙戌年^①二月　日
　　　立典契　王步福(画押)
　　　为中见　王其战(画押)
　　　代笔　　王蓝达(画押)

注释

①光绪丙戌年:即光绪十二年,1886年。

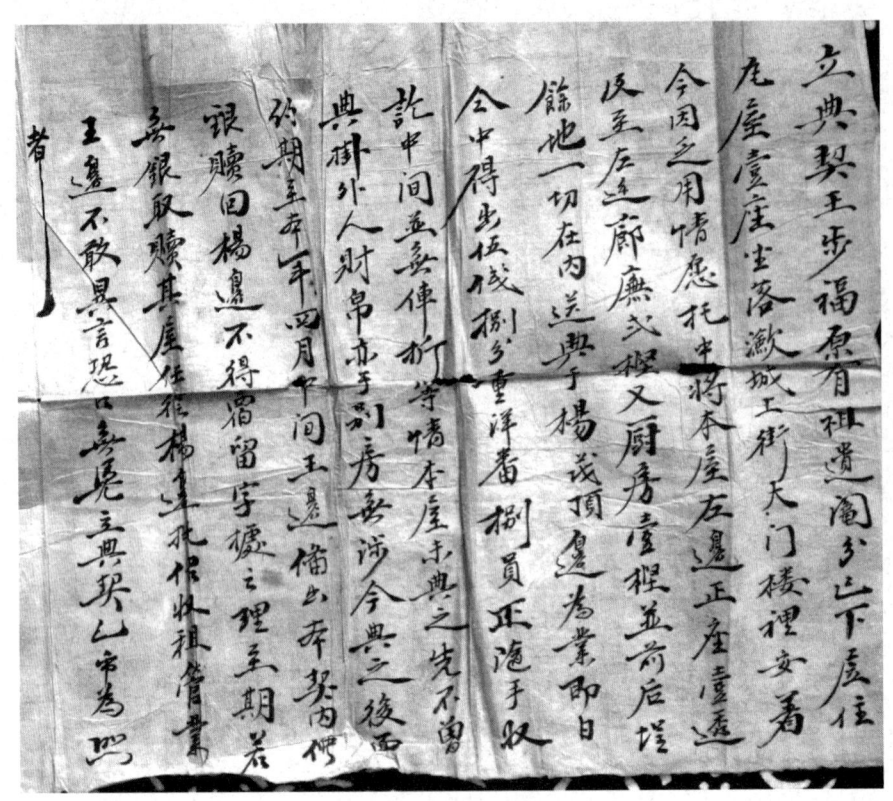

图2-2-4A　光绪十二年二月王步福典屋契

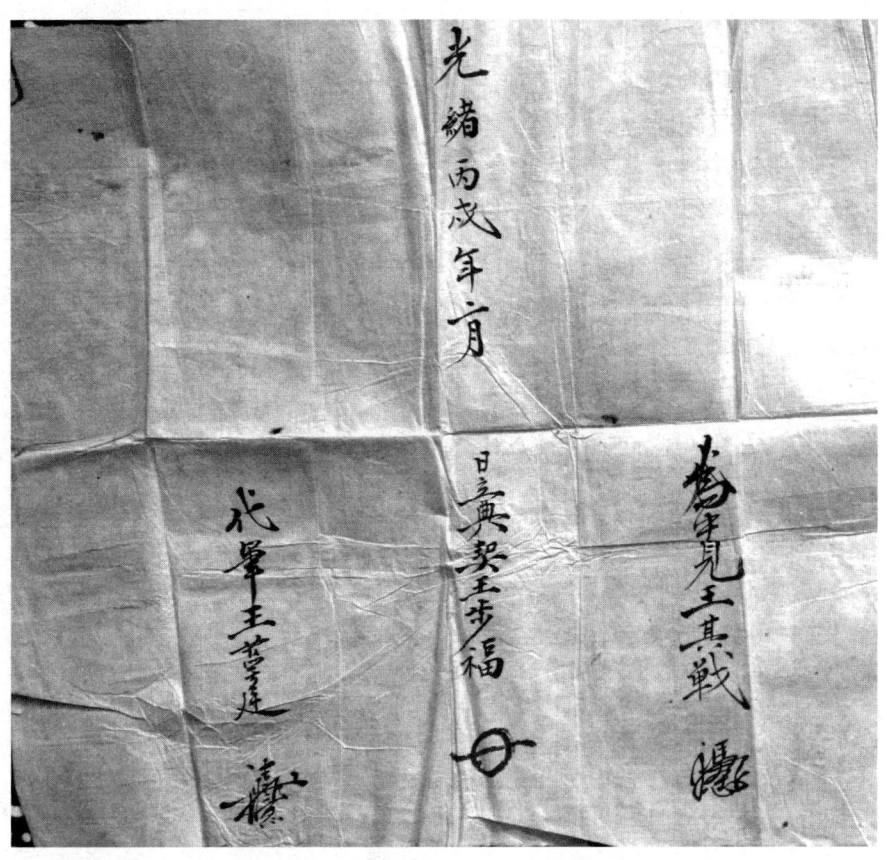

图 2-2-4B　光绪十二年二月王步福典屋契

10. 光绪十四年（1888年）十二月杨茂顶房屋根批

立根批杨茂顶，原有祖遗阄分己下廊庑瓦屋乙厅三榈，并灰斗乙号，又后门菜园乙片贰百零藤，并大厅通行。兹因乏用，托中送根于程向甘边居住重用。即日同中面议，得出根价洋番伍钱贰分重，乙拾柒圆正。杨边随手收讫，中间并无俥准等情。本屋未根之前，不曾典挂他人财物。既根之后，面约至远近年间，本根批内原价赎回。若无银取赎，仍从程边居住重用，杨边永无异言。各无反悔，今欲有凭，立根批乙纸为照者。

光绪十肆年^①十二月　日
　　　　立根批　杨茂顶（画押）
　　　　为中　　王步雍（画押）
　　　　代笔　　王明秀（画押）

注释

①光绪十肆年：即1888年。

11. 光绪二十三年(1897年)十二月杨茂集苗田加当契

立加当契杨茂集,原有祖遗阄分己下苗田壹号,坐落九都潋城西门外,土名墩下安着,受种苗田贰斗正。为因谷银乏用,情愿托中,将此苗田送加当与灵峰寺僧仕贵①师边为业。凭中面议,得出洋番伍两玖钱正,随手亲收足讫,中间并无俥算准折等情。本田未当之前,不曾典挂他人财物,此系己下嗣产,于别房份伯叔兄弟侄孙毫无干涉。如有交加不明,杨边自能了理,不累僧边之事。既加当之后,本田依前僧边收租管业。面约远近年间取赎之际,杨边备出本契并前契原价,依照契面银数赎回。若无银取赎,本田任从僧边收租、批拨、管业,杨边不得霸阻异言情弊。至于秋条二粮,亦是杨边自己完纳,于僧边不干之事。三面言定,各无反悔。恐口无凭,立加当契乙纸为照者。

光绪丁酉年②十二月　日
　　　　立加当契　杨茂集(画押)
　　　　为中见　　侄阿学(画押)
　　　　代笔　　　王集庭(画押)

注释

①灵峰寺僧仕贵,根据《杨氏族谱》记载:"光绪甲申年,永登、永镜同谢大忠、叶世顺、僧士贵等捐资复建,兹乃焕然一新矣。"
②光绪丁酉年:即光绪二十三年,1897年。

立加当契杨茂集原有祖遗阄分己下苗田壹號坐落九都临城西门外土名撇下菁垱，坐権苗田式斗正，为因殼銀乏用情愿托中受権苗田式斗正，为因殼銀乏用情愿托中將此苗田迟加当與蜜峯寺僧仕貴師进为業僗中面議得玉洋番伍两玖錢正陸之收是託中面议明無偉算淮托芋情本田中当之前不曾典掛他人如初此係己下嗣産于别房伯叔兄弟姪孫等嘸干涉如有交加不明杨边能了理不累僧进之事既加当言汉本田依前僧迎收祖置業向遠近年间取贖之際杨迎收祖置業批攬营業能出本與原價依照契面銀致贖回若無限取贖者任從僧迎收祖批攬营業杨迎不得罗阻異言情樊至于秋冬二稅亦畢墙进目己完納千僧迎不干玄事三面言定各各反悔恐

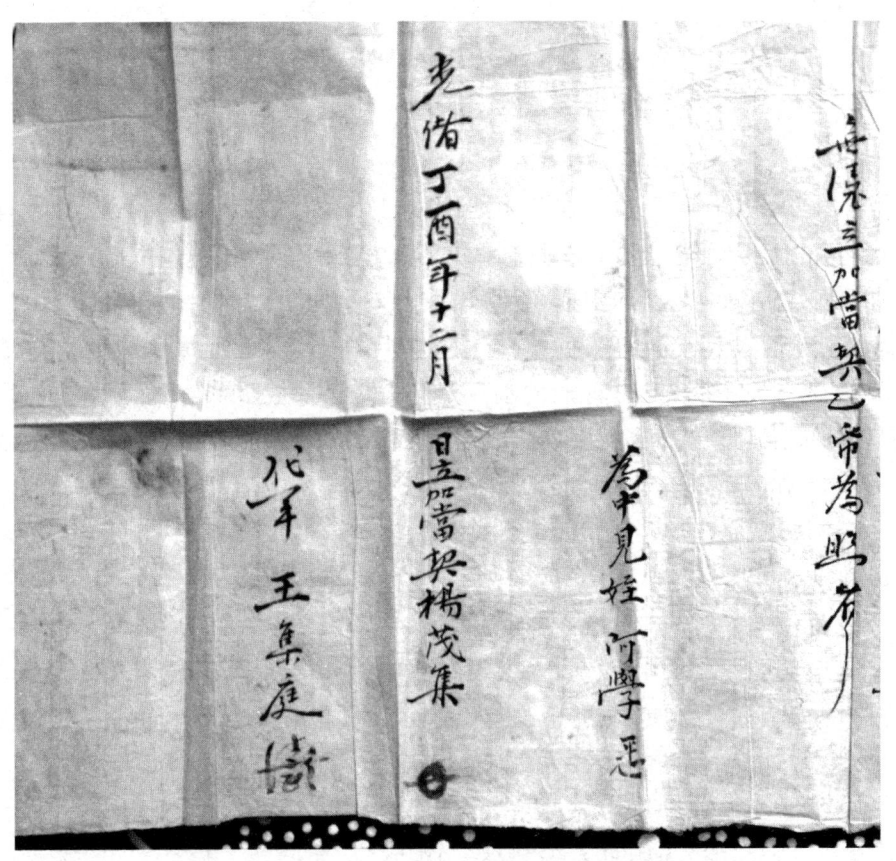

图 2-2-5B 光绪二十三年十二月杨茂集苗田加当契

12. 宣统二年（1910年）十二月王步云卖熟园契

　　立卖断熟园契王步云，原有祖遗阄分已下现管熟园壹坪，坐落九都潋城南门外，南山亭地名安着，受种熟园壹坪正。兹因无银乏用，情愿托中送卖与谢发旺边为业，即日同中面议，得出柒钱叁分重，洋银捌圆正，随手亲收足讫，中间并无俾算准折等情。本熟园未卖断之先，不曾重张典挂他人财帛。如有内外交加不明，王边自能向前了理，不累卖主之事。本园系是己下，与别房份伯叔兄弟侄孙毫无干涉。既卖断之后，早晚不同时价，王边不可言贴赎另生枝节情弊等情。即卖即断，王边不敢言及贴赎。三面言定，各无反悔。恐口无凭，立卖断契壹纸，永远为照者。

　　再照帛字壹字（画押）

　　计开四至：

　　上至阮家，下至田，右至李家，左至郑家洰为界。

　　宣统贰年①十贰月　　日

　　　　立卖断熟园　王步云（画押）

　　　　　知见　兄王步秀（画押）

　　　　　为中见　王其昌（画押）

　　　　　代笔　叶子云（画押）

注释

①宣统贰年：即1910年。

13. 民国十年(1921年)十二月梁池古卖田契

　　立卖断契并推米票梁池古,原嗣父遗下阄分己下现管苗田壹号,坐落九都洋源,土名仙宫洋安着,受种苗田叁斗正。另飞坵肆坵壹斗正,共受种苗田肆斗正,四至列后。兹因无银乏用,情愿托中送卖断与杨传党边为业。即日同中面议,得出卖断价足洋肆拾圆正。随手亲收足讫,中间并无俥算准折等情,未卖断之先,不曾重张典挂他人财帛。原系阄分,与别房伯叔弟侄无干。如有内外交加不明,梁边自能向前了理,不累杨边之事。既卖断之后,即听杨边前去召佃、收租、印税、管业,永为己产。本田合载正耗苗米肆升正,在于九都十甲梁永发名下推出,人于九都八甲杨新兴户内完纳输粮当差,不得多推少收之理。此系价足心愿,即卖即断。尚后时价高低不同,不得言及贴赎之理,另生枝节情弊。老契毗连未缴,日后取出,充为故纸,不得行用。三面言定,各无反悔。立卖断契并推米票一纸,永远照者。
　　一田坐落九都洋源,土名仙宫洋苗田并飞坵共肆斗正,东至　　　南至　　西至　　北至
　　中华民国庚午①十年十贰月　日
　　　　立卖断契并推米票　梁池古(画押)
　　　　　　知见　父阿畴(画押)
　　　　　　为中　方邦彦(画押)
　　　　　　代笔　陈俭庵(画押)

注释

①民国庚午年:即民国十年,1921年。

14. 民国十八年(1929年)十二月江修泽、江修珍卖田契

立卖断契并推米票江修泽同弟修珍,原有祖遗阄分已下现管苗田贰号,俱坐落九都潋城洋,土名横塘①浿边,受种苗田叁斗。又号土名水硖边墩里,受种苗田叁斗,共受种陆斗正。另墩园壹坪壹百余藤,四至列后。兹因无银乏用,情愿托中送卖断与杨传党为业。即日同中面议,得出卖断价足洋肆拾捌圆正,随手收讫,中间并无俥算准折等情。未卖断之先,不曾重张典挂他人财帛,亦与别房伯叔弟侄无涉。如有内外交加不明,江边自能向前理解,不累杨边之事。本田合载正耗苗米六升正,在于三都六甲江新春名下推入,于九都八甲杨新兴户内输粮当差,两家不得多推少收之理。既卖断之后,即听杨边前去召佃、印税、收租、管业,永为己产。此系价足心愿,即卖即断,倘后时价高低不同,不得言及贴赎之理,老契现缴。三面言定,各无反悔。恐口无凭,立卖断契并推米票一纸,永远为照者。

一田坐落九都潋城洋,土名横塘安着,苗田叁斗正。东至　　　南至　　西至　　北至

一田坐落九都潋城洋,土名水硖边安着,苗田叁斗正。东至　　　南至　　西至　　北至

中华民国己巳年② 十贰月　日

　　　立卖断契推米票　江修泽(画押)

　　　　同卖　胞弟修珍(画押)

　　　　为中　阮家湖(画押)

　　　　知见　家母黄氏(画押)

　　　　代笔　陈俭庵(画押)

注释

① 横塘:潋城下的一个自然村
② 民国己巳年:即民国十八年,1929年。

立賣斷契並推米票江修澤仝弟修珍原有祖遺闔分已下現管苗田貳號俱坐落九都潋城洋土名橫塘溴邊受種苗田叁斗又號土名水硋邊墘裡受種苗田叁斗共受種陸斗正另潋園壹坪壹百餘簾四至列後兹因無銀五用情愿托中送賣斷與楊傳連為業即日仝中面議得出賣斷價足洋鈿拾捌員正隨手收訖申間並無債算準折等情未賣斷之先不曾重張典掛他人財當與別房伯叔弟姪無涉如有內外交加不明江邊自能向前理解不累楊邊之事本田合議正耗苗米六升正在於三都六甲江新春名下推入于九都八甲楊新興戶內輸糧當差兩家不得多推少收之理既賣斷之後即聽楊邊前去召佃印税收租管業永為己產此係價足心愿即賣即斷倘後時價高低不同不得言及貼贖之理老契現繳三面言定各無反悔恐口無憑立賣斷契並推米票壹紙永遠為照者

一田坐落九都潋城洋土名水硋邊安着苗田叁斗正 東至 西至 南至 北至

一田坐落九都潋城洋土名黃唐安着苗田叁斗正 東至 西至 南至 北至

图 2-2-6A 民国十八年十二月江修泽、江修珍卖田契

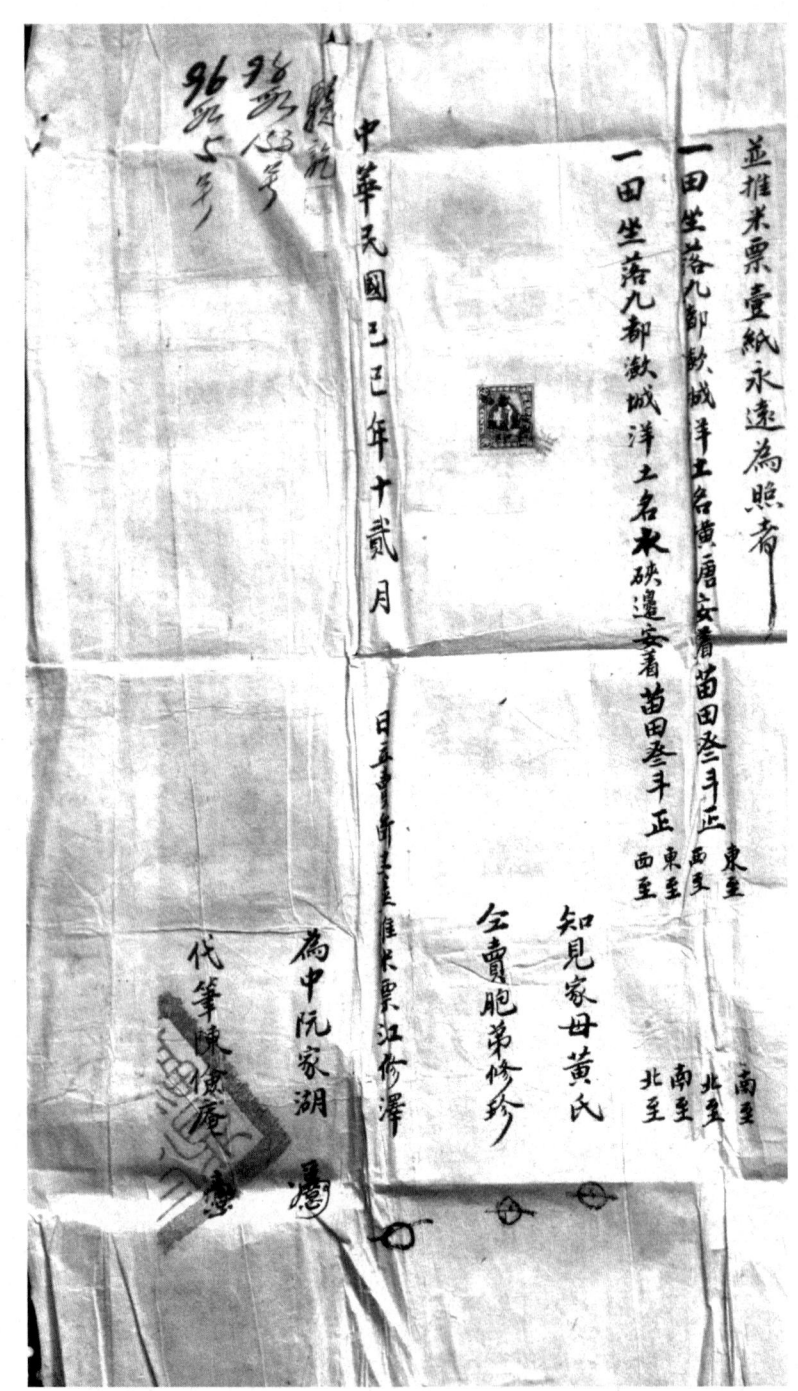

图 2-2-6B　民国十八年十二月江修泽、江修珍卖田契

15. 民国十九年(1930年)四月卖契

福字第玖□号完税银贰元捌角捌分

买主姓名:杨传党

坐落:九都

不动产种类:田

面积:陆斗

卖价:肆拾捌元

应纳税额:贰元捌角捌分

立契年月日:十八年十二月

例则摘要:

一不动产之买主或承典人,须于契纸成立后六个月以内,赴该管征收官署投税。

一订立不动产买契或典契时,须由卖主或出典人赴该管征收官署填具申请书,请领契纸,缴纳契纸费大洋六角。前项之契纸领费贰角,由卖主与买主或出典人与承典人分担。

一不动产卖主或出典人,请领契纸后已逾两月,其契约尚未成立,有原领契纸失其效力。但因有障碍,致契约不能成立时,得与限内赴征收官署,申明事由,酌予宽限。

一原领契纸因遗失及其他事由,须补领或更换时,仍依第二项之规定,缴纳契纸费。

一不动产之买主或承典人逾契约成立后六个月之期限,不依本条例缴纳契税者,除纳定章之税额外,并处以应纳税额之十倍罚金。

一缴纳税额时,匿税契价者,除另换契纸,改正契约缴纳税额外,并处以左(下)列之罚金。

匿报契价十分之二以上,未满十分之三者,短缴纳税额之二倍。

匿报契价十分之三以上,未满十分之四者,短纳税额之四倍。

匿报契价十分之四以上,未满十分之五者,短纳缴费之八倍。

匿报契价十分之五以上者,短纳税额之十六倍,或由征税官署,依所报契价收买。

一契约成立后六个月之纳税期间,限于遵令官契纸者适用之。其私纸所书之契约,若事后不换写契纸,以逾限论。

一卖主或出典人以私纸订立契约者,得由征税官署处以五元以上,五十元以下罚金。

一逾限未税之契,诉讼时,无凭证之效力。

卖主:江修泽
中华民国十九年①四月　日

注释

①民国十九年:即1930年。

16. 民国二十年（1931年）五月卖契

买主姓名：杨传党

不动产种类：田

费价：肆拾元

应纳税额：贰元肆角

立契年月：十九年十二月

坐落：九都

面积：四斗

例则摘要：

一不动产之买主或承典人，须于契纸成立后六个月以内，赴该管征收官署投税。

一订立不动产买契或典契时，须由卖主或出典人赴该管征收官署填具申请书，请领契纸，缴纳契纸费大洋六角。前项之契纸费六角，由卖主与买主或出典人与承典人分担。

一不动产之卖主或出典人，请领契纸后已逾两月，其契约尚未成立，原领契纸失其效力。但因有障碍，致契约不能成立时，得与限内赴征收官署，申明事由酌，予宽限。

一原领契纸因遗失及其他事由，须补领或更换时，仍依第四条第一项之规定，缴纳契纸费。

一不动产之买主或承典人逾契约成立后六个月之期限，不依本条例缴纳契税者，除纳定税章之税额外，并处以应纳税额之十倍罚金。

一缴纳契税时，匿税契价者，除另换契纸，改正契约缴纳税额外，并无处以左列之罚金。

匿报契价十分之一二以上，未满十分之二三者，短纳税额之一二倍。

匿报契价十分之三以上，未满十分之四者，短纳税额之四倍。

匿报契价十分之四以上，未满十分之五者，短纳税额之八倍。

匿报契价十分之五以上者，短纳税额十六倍，所报契价收买。

一契约成立后六个月之纳税期间，限于遵领官契纸者适用之。其私纸

所书之契，若事后换写契纸，以逾限论。

一卖主或出典人以私纸订立契约者，得由徵税官署以五元以上五十元以下之罚金。一逾限未税之契，诉讼时，无凭证之效力。

　　卖主：梁池古
　　中华民国二十年①五月

注释

①民国二十年：即 1931 年。

17. 民国二十七年(1938年)证明书

查本省第一年度(由二十六年九月起至二十七年八月止)全年救国公债息金,经全省各地市民大会议决议,授权本会商请各经收国公债金融机关,代将第一年度息金悉数扣收,汇军事委员会,贡献国家,以增抗战力量。除由各经收救国公债金融机关照办外。特此证明。

福建省新生活运动促进会

中华民国二十七年①

注释

①民国二十七年:即1938年。

18. 民国二十八年(1939年)七月杨德忠卖熟园契

　　立卖契杨德忠,原有祖遗阄分己额现管熟园壹片,坐落九都潋城,土名南山大坪面安着。熟园壹仟贰佰零藤,依照契面管业。今因乏用,自愿托中,送卖与王步华边为业。即日同中面议,得出时价国票大洋柒圆正,随手亲收足讫,中间并无俥算准接等情。未卖之先,不曾重典挂他人财帛。原系己业,与别房伯叔兄弟侄孙姊妹无涉。如有内外交加不明,杨边自能向前了理,不累王边之事。既卖之后,杨边远近年间备出原价,依照契取赎,王边不敢执留之理。倘有无银取赎,即听王边收租、种作、管业,杨边不敢异言之理。三面言定,各无反悔。今欲有凭,恐口无凭,立卖契一纸为照者。

　　　　民国己卯年①七月　　日
　　　　　　立卖契　杨德忠(画押)
　　　　　　代笔　　王辉山(画押)

注释

①民国己卯年:即民国二十八年,1939年。

19. 民国二十九年（1940年）十二月谢友竹、谢友求卖熟园契

　　立卖断塾园契谢友竹同弟友求，原有父遗阄分己下现管塾园壹坪，俱坐落九都潋城南门外地方，土名南山亭安着。受种塾园壹坪壹仟余藤，四至列后。因无银乏用，情愿托中送卖断与杨加德边为业。即日同中面议，得出卖断时价国币肆拾圆正，随手亲收足讫，中间并无俥算准折等情。未卖之先，不曾重张典挂他人财帛。原系己额，亦于别房伯叔兄弟侄孙无涉。如有内外交加不明，谢边自能向前理解，不累买主之事。既卖断之后，即听杨边前去召佃、种作、收租、管业，永为己产。老契现缴本园，此系价足心愿，即卖即断，向后时价高低，不得言及贴赎，另生枝节情弊。三面言定，各无反悔。今欲有凭，立卖断塾圆契壹纸，永远存照者。

计开四至：

一园坐落九都潋城南门外地方，土名南山亭安着，受种塾园壹坪。

上至阮家园，下至田，左至郑家洈，右至田为界。

中华民国庚辰①廿九年十二月　日

　　　立卖断塾园契　谢友竹（画押）
　　　　同卖断　　　弟友求（画押）
　　　　为中　　　　阮明汶（画押）
　　　　代笔　　　　阮午庭（画押）

注释

①民国庚辰年：即民国二十九年，1940年。

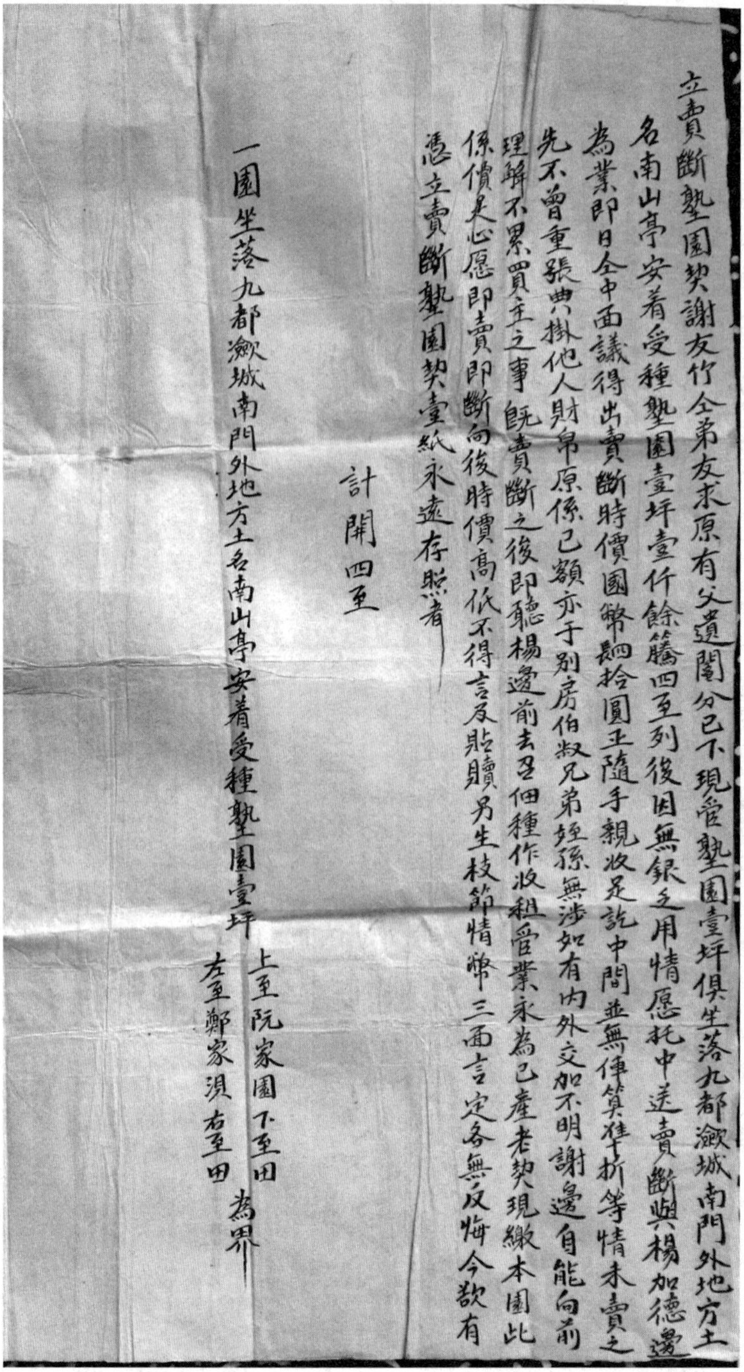

立賣斷塾園契謝友竹仝弟友求原有父遺鬮分己下現管塾園壹坪俱坐落九都瀲城南門外地方土
名南山亭安着受種塾園壹坪仟餘籐四至列後因無銀乏用情愿托中送賣斷與楊加德邊
為業即日仝中面議得出賣斷時價國幣駟拾圓正隨手親收足訖中間並無俾算準折等情未賣之
先不曾重張典掛他人財帛原係己額亦于別房伯叔兄弟姪孫無涉如有內外交加不明謝邊自能向前
理解不累買主之事既賣斷之後即聽楊邊前去召佃種作收租管業永為己產老契現繳本園此
係價足心愿即賣即斷向後時價高低不得言及貼贖另生枝節情弊三面言定各無反悔今欲有
憑立賣斷塾園契壹紙永遠存照者

計開四至

一園坐落九都瀲城南門外地方土名南山亭安着受種塾園壹坪

上至阮家園 下至田

左至鄭家湞 右至田 為界

图 2-2-7A 民国二十九年十二月谢友竹、谢友求卖熟园契

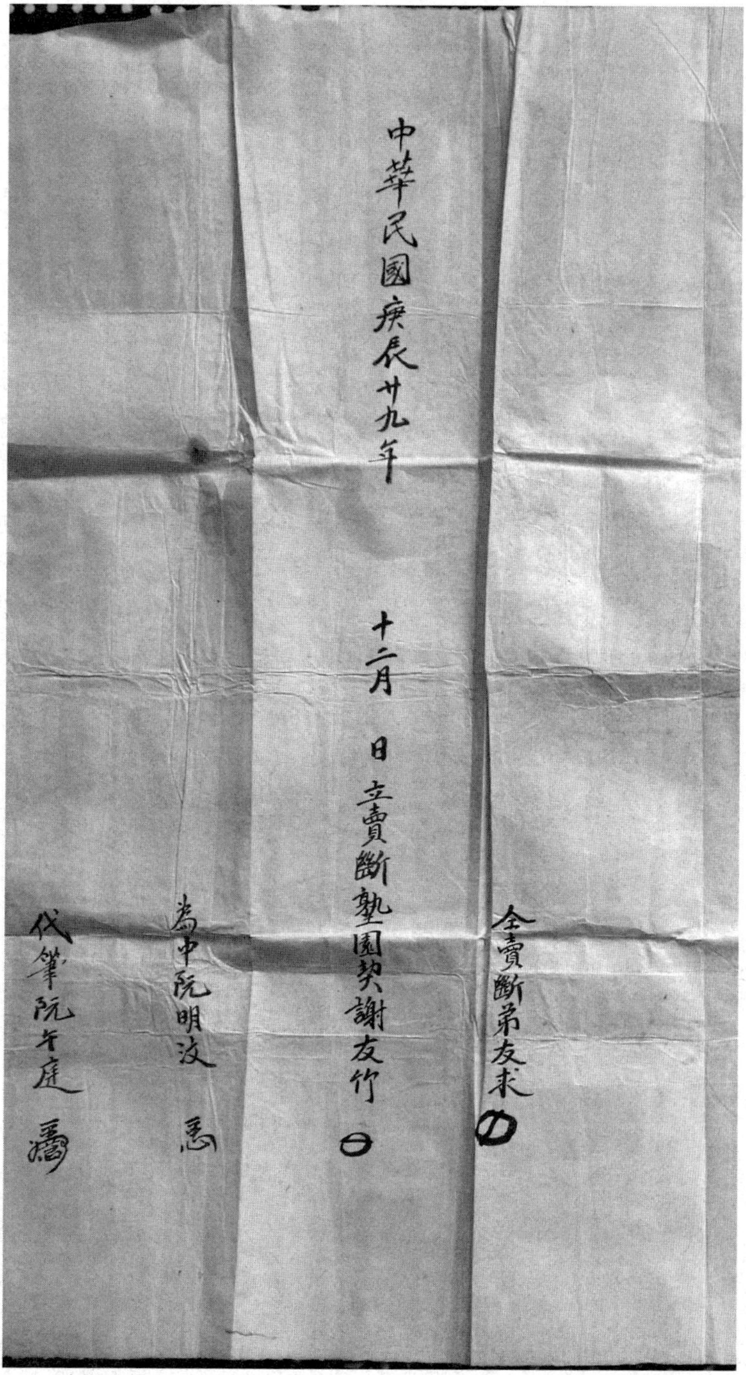
全賣斷弟友求
中華民國庚辰廿九年十二月日立賣斷塾園契謝友竹
為中阮明汝
代筆阮乍庭

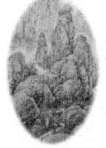

图 2-2-7B　民国二十九年十二月谢友竹、谢友求卖熟园契

20. 民国三十年(1941年)叶开兴卖田契

立卖断契并推粮票叶开兴，原有祖遗阄分己下现管苗田壹号，坐落九都潋城洋，土名青石桥安着。受种苗田叁斗五升正，计贰坵，四至列后。兹因乏用，情愿托中送卖断与杨加德边为业。即日同中面议，得出卖断时价法币　　元正，随手亲收足讫，中间并无俾算准折等。未卖断之先，不曾重张典挂他人财帛。该田系是己下之额，与别房伯叔兄弟侄孙毫无干涉。如有内外交加不明，叶边自能向前了解，不累杨边之事。既卖断之后，即听杨边前去召佃、种作、收租、过粮、印税、管业，永为己产，与叶边永远无干。本田前经岚亭乡①测量，编查拾贰段②壹佰壹拾壹号，面积贰亩柒分伍厘正，等则壹中，在叶开兴名下推出，入于杨加德户内输粮当差，两家不得多推少收。此系价足心愿，即卖即断，向后时价高低，不得言及贴赎，另生枝节情弊。老契毗连未缴，充为故纸，日后取出，不得行用。三面言定，各无反悔。今欲有凭，立卖断契并推粮票一纸为照者。

计开四至：

一田壹号坐落九都潋城洋，土名青石桥地方安着，受种苗田叁斗五升正。

东至叶家田，南至李家田，西至蒋家浿，北至叶家田为界。

中华民国三十年③　月　日
　　　立卖断契并推粮票　叶开兴（画押）
　　　　　　知卖断　堂兄开聪（画押）
　　　　　　　为中　阮明汶（画押）
　　　　　　　代笔　陈绍彤（画押）

注释

①岚亭乡：民国时属秦屿镇。
②段：计算田园土地的数词。
③民国三十年：即1941年。

21. 民国三十四年(1945年)十二月杨宗昭典园契

立典契杨宗昭,原有祖遗阄分已下现管熟一号,落九都潋城洋,土名笼已石安着。受种熟园一号,六千余藤。兹因无银乏用,情愿托中,送典杨九明为业。即日同中面议,得出典价法币四仟元正,随手亲收足讫,中间并无俾算准折等情。未典之先,不曾重张典挂他人财帛。此系己额,与别房伯叔兄弟侄孙无干涉。如有内外交加不明,杨边向前了理,不累典主之事。既典之后,即听杨边前去召佃、种作、批租、管业,其赋额自己完纳,与杨边无干。该园面约为杨边种作五载,杨边备出本契原价赎回,若无银取赎,杨边种作、管业,永为己产。日后取出故纸,不得行用之。三面言定,无反悔。恐口无凭,今典熟园契为照者。

中华民国三十四年[①]十二月　日
　　　　立典　杨宗昭(画押)
　　　代笔中　杨应仁(画押)

注释
①民国三十四年:即1945年。

22. 民国三十七年(1948年)十二月叶开森典田契

　　立典田契人叶开森,原有祖遗阄分己下现管苗田壹号,坐落清籍九都潋城村,土名潭安着,受种苗田贰斛正,四至列后。今因正用,情愿托中送典与杨家德边为业。即日同中面议,得出典价干秋谷天平叁佰壹拾觔正。其谷当日同中亲收足讫,并无短少觔粒。其田未典之先,不曾重张典挂他人财物,亦与别房叔伯兄弟侄孙无涉。如有内外交加不明,森边自能向前了解,不累典主之事。既典之后,任从德边前去召佃、种作、收租、管业,完粮仍归森边自纳。面订三年为期,自己丑年春起至辛卯年冬止,森边备出契面原价赎回,德边不得把描之理。倘无谷取赎,仍从德边继续种作、收租、管业,森边不得异言。三面言定,各无反悔。今欲有凭,立典田契壹纸,并老契毗连未缴存照者。

　　内添后字乙个,并载玖拾柒段伍拾陆号,等则壹下,面积壹畎伍分,赋额柒角捌分正,再照(画押)

　　计开四至:上至　　　下至　　　左至　　　右至

民国戊子年①腊月　日
　　　立典田契　叶开森(画押)
　　　同典人　　叶开宗(画押)
　　　代笔中　　缪朝振(画押)

注释

①民国戊子年:即民国三十七年,1948年。

立典田契人葉開森原有祖遺闔分已下現管苗田壹號
坐落清籙九都潋城村土名潭安著受種苗田弍斛正四
至列後今因正用情愿托中送典與楊家德邊為業
即日仝中面議得出典價乾攷谷天平叁佰壹拾觔正
其谷當日仝中親收足訖並無短少觔粒其田未典
之先不曾重張典掛他人財物承典別房叔伯兄
弟佳孫無涉如有內外交加不明森邊有能何前
了解不累典主之事既典之後任從德邊首去白
佃種作收租管業完糧仍歸森邊自納面訂三年
為期會毛主年看起至辛卯年冬止森邊備齊契
面原價贖回德邊不得把掯之理倘無谷取贖仍
從德邊繼續種作收租管業森邊不得異言三面
言定久無反悔今欲有憑立典日契壹紙並老契

图2-2-8A 民国三十七年十二月叶开森典田契

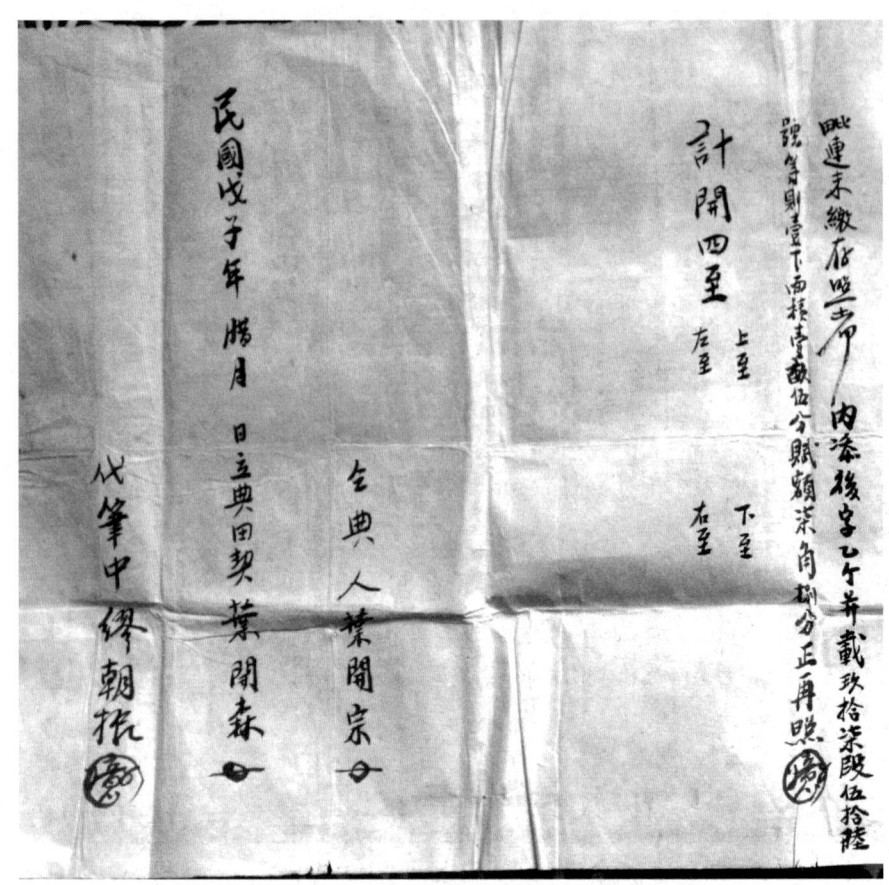

图 2-2-8B 民国三十七年十二月叶开森典田契

23.1952年4月土地房产所有证

福建省福鼎县土地房产所有证　鼎泰字第08161号

第　区　乡(镇)冷城村居民杨家德,王氏宗生、宗花等四人。依据《中国人民政治协商会议共同纲领》第二十七条[保护居民已得土地所有权]暨《中华人民共和国土地改革法》第三十条[土地改革完成后由人民政府发给土地所有证]之规定,确定本户全家/本人所有土地共计可耕地陆段(丘)伍亩陆分柒厘、非耕地贰段(丘)叁分肆厘,房产共计房屋间地基贰段(丘)亩分伍厘□毫,均作为本户全家/本人私有产业。有耕种、居住、典卖、转让、赠与出租等完全自由,任何人不得侵犯。特给此证。

县长:荆利九[①]

计开

土地

坐落	种类	地名	原田地习惯单位数	折市亩数	四至	长宽尺度
田楼	田	田楼	贰斗	壹亩肆分肆厘	东庄吓当 西墩胶 南梁吓楼 北梁吓楼	
冷城	农	南山亭	乙仟株	肆分	东李学赐 西弄改 南山 北淇口	
冷城	农	南山	柒佰株	肆分贰厘	东杨加法 西大路 南山 北大路	
冷城	农	城里	乙仟株	柒分伍厘	东墙 西墙 南杨宗勇 北得忠	

	农	南山塆	捌佰株	伍分陆厘	东土承异 西荒山 南大□ 北李得忠	
	山	南山		叁分		长40尺 宽50尺
硅塆	田	高营	叁斗	贰亩壹分		
冷城	什	后门外		肆厘	东公地 西杨加法 南厝 西山	长15尺 宽15尺

一九五二年肆月发

注释

①荆利九:1952年6月—1953年6月任福鼎县县长。

②田楼:民国时属秦屿镇才美保田楼村。

24. 彭坑村过户单

彭坑村①

庄平当田第七段 95 号,土名大溪边田壹斗面积　　　(东张法宝田,西张法宝田,南后北张法宝田)现系过户佳德。

又一号第七段 99 号,土名田楼田壹斗,面积　　　(东章系弟田,西庄平安田,南张法宝田,北梁法孙田)现系过户佳德。

彭坑村

庄平安田第七段 89 号,土名田楼田贰斗,面积　　　亩(东庄法堂田,西墩胶,南梁法楼田,北梁法楼田)过户杨佳德。

注释

① 彭坑村:位于秦屿镇。

三、贯岭契约

1. 嘉庆十三年(1808年)十二月曰昆卖田契
2. 道光八年(1828年)十月李曰镇卖竹山契
3. 道光九年(1829年)八月李曰盾卖屋契
4. 道光九年(1829年)十二月李式雁卖屋契
5. 道光十一年(1831年)十二月李锡欣卖屋契
6. 道光二十六年(1846年)八月李锡冬卖屋契
7. 道光三十年(1850年)十二月李锡座当田契
8. 咸丰元年(1851年)十二月周阿西卖风水契
9. 咸丰二年(1852年)十一月李式意卖山契
10. 咸丰三年(1853年)春月李锡座卖田契
11. 咸丰三年(1853年)五月李式铨卖山契
12. 咸丰七年(1857年)十二月李曰怀卖屋契
13. 咸丰九年(1859年)八月李锡子卖地基契
14. 咸丰十一年(1861年)十二月李锡驾卖屋契
15. 同治元年(1862年)八月李曰等卖茶园契
16. 同治元年(1862年)十二月李锡驾卖茶园契
17. 同治元年(1862年)十二月李曰顶卖茶园契
18. 同治二年(1863年)九月李曰快卖烟寮契
19. 同治二年(1863年)十二月李曰等当厝契
20. 同治七年(1868年)十二月李曰火当田契
21. 同治十一年(1872年)十二月李仪夏卖屋契
22. 光绪二年(1876年)十二月李锡札立寄佃契

23. 光绪五年(1879年)十二月李仪导卖茶园契
24. 光绪十年(1884年)十二月李仪番卖田契
25. 光绪十三年(1887年)十二月李式浚卖屋契
26. 光绪十三年(1887年)十二月李仪番卖山契
27. 光绪十四年(1888年)十二月李式梱脱田契
28. 光绪二十三年(1897年)十二月李仪缪寄佃契
29. 光绪二十八年(1902年)李仪面当厝契
30. 民国七年(1918年)十二月李绍坎寄田契
31. 民国八年(1819年)五月李绍坎脱退断佃契
32. 民国十六年(1927年)十二月李绍叠当山契
33. 1952年3月土地房产所有证
34. 1952年3月土地房产所有证

1. 嘉庆十三年（1808年）十二月曰昆卖田契

　　立卖断契曰昆，父置苗田壹号，坐落十九茗洋①，土名上庄②尾黄泥岗尾连埯安着，阄分名下已业田乙斗三管。今因无钱应用，托中长兄永助送卖侄田买叔边管业。永余三面言定，估得价钱壹拾贰千文正。即日随契亲收完讫，其田任从叔边管业，侄边不敢异言。未卖日先实系清白物业，亦无与重张典挂以及外内侄兄弟并无干涉等情。如有此情，侄边自行向前了改，不累叔边之事。既卖以后，价足心愿，永不敢言贴，再不敢言赎，永为侄边己业。此系两家心愿，各无反悔。今欲有凭，立卖断契，永远为照。

　　嘉庆十三年③十二月　　日
　　　　上庄尾田
　　　　　　　立卖断契　　曰昆（画押）
　　见契　永助（画押）　　曰昌（画押）
　　　　　　永宛（画押）　　曰号（画押）
　　　　　　　　　　　　　　曰分（画押）
　　为中　永助（画押）　　曰荣（画押）
　　　　　　　　　　　　　　曰昆（画押）
　　　　　　亲笔　　　　　　曰昌（画押）

注释

①茗垟：清代在十九都廉江里一图。今为福鼎县贯岭镇茗洋村。
②上庄：贯岭镇茗垟村下的一个自然村。
③嘉庆十三年：即1808年。

2. 道光八年(1828年)十月李曰镇卖竹山契

　　立卖断竹山契同侄曰镇,今因缺钱应用,将手已置竹山阄分名下壹号,坐落十九都茗垟祖厝后中间。四至开明,上至路,下至曰党竹山,左至锡水曰胜阄山,右至曰沙山为界,四至明白。托中立契,送卖与堂叔永余边受用。三面估值时价钱壹仟文正。其钱即日随契亲收完讫,其竹山听叔边开掘、留样,杂物顶项听叔边管业,侄边不敢阻执异言。此山未卖之前,实系清白,与房亲①叔侄兄弟无干,并无典挂他人。如有此情,侄边自能向前了解,不涉叔边之事。既卖之后,价足心愿,永无贴赎。此系两加情愿②,今欲有凭,立卖竹山契,永远存照。

　　道光八年③拾月　日
　　　　　厝
　　　　立卖竹山契　堂侄曰镇(画押)
　　　　　在见　同弟曰汉(画押)
　　　　　为中　侄锡欣(画押)
　　　　　代笔　侄曰快(画押)

注释

①房亲:各房亲戚、族人。
②两加情愿:即指立契约之双方心甘情愿。
③道光八年:即1828年。

3. 道光九年(1829年)八月李曰盾卖屋契

　　立卖断契李曰盾，原有祖瓦屋右边柒间，头半间坐落十九都茗垟外垟庄前安着。开明四至，上至及梁椽桷瓦，下至连地基礤子及门户板壁连仓，壹应在内，后至中柱壁，前至及沟窟至庭埋石为界，左至胞叔余己屋，右至沟为界。今因移居他处，缺钱别置。兹托中送卖断与胞叔李永余边为屋，永远住居。三面言定，估值时价壹拾贰千玖百文正，其钱即日随契亲收完讫。其瓦屋未卖之先，实系清白阄下自己之屋，并无重张典挂以及内外交加不明等情。如有此情，侄边自行向前理解，不涉叔边之事。既卖之后，价足心愿，悉听叔边永远住居，并不敢另生枝节，日后永不敢言及贴赎。此系情愿，各无异言。恐口无凭，立卖断契，永远为照。

　　　　即日实收价钱壹拾贰千玖百文正，再照（画押）
　　　　内改屋字，再照（画押）

道光九年①八月　　日
　　　　立卖断契　侄曰盾（画押）
　　　　见契　胞弟曰砂（画押）
　　　　为中　堂兄曰镇（画押）
　　　　代笔　郑永范（画押）

注释

①道光九年：即1829年。

立賣斷契李曰盾原有祖屋壹座坐茶
間頭半間坐落十九都菩埠外垟庄前安
著闊明四至工至及椽桷瓦下至連地基
原子交門戶枋壁壹條全壹廳左門後主中
胞叔餘己屋右至溝為界今因移居他
柱壁前至及溝窑至庭埋石為界左至
慶缺錢別置蘇托中送賣斷與胞叔李
永餘迂為屋永遠住居三面言定估值
時價錢壹拾貳千玖百文正其錢即日
隨契親收完訖其屋未賣之先寔係
肯力囤下自己之屋並無重掛以及內
外交加不明等情如有此情惟迂自行向
前理解不涉叔迂之事既賣之後價足
心甘悉聽取迂永遠住居並不敢另生

图 2-3-1A　道光九年八月李曰盾卖屋契

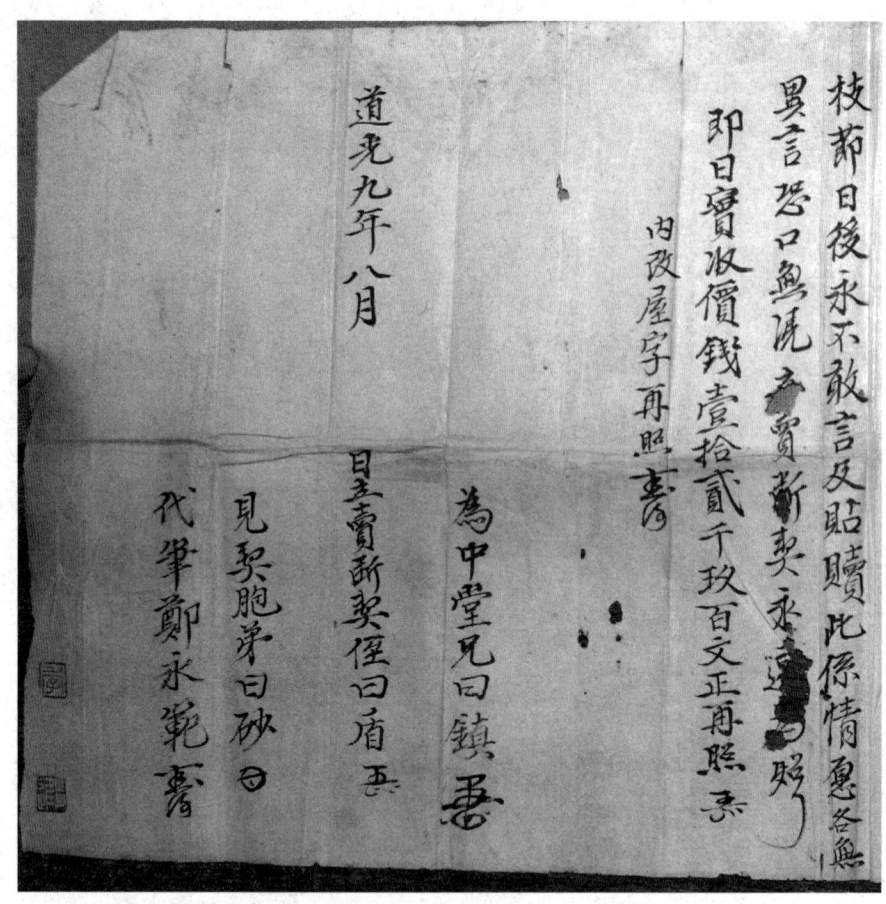

图 2-3-1B　道光九年八月李曰盾卖屋契

4. 道光九年(1829年)十二月李式雁卖屋契

　　立卖断契式雁,今因移居别处居住,将祖己置厝屋壹座,坐在祖屋右边横厝后,又横厝厅边左前贰半间安着,阄分雁名下。开明四至,上连瓦梁榀桷板极梆壁,下连地基礤砒窗门户扇俱扶厝屋,前连沟,壹共在内,四至明白。托中送卖断与堂兄式富边为屋,三面断定时值厝价钱拾千柒百文正。其钱即日随契亲收完讫,其厝任听兄边住居享用。此屋未卖日前实系清己屋,并无重张典挂以及内外交加不明等情。如有不明,弟边自行向前了解,不累兄边之事。既卖日后,价足心愿,永不敢贴,再不敢赎。此系心愿,永无反悔。今欲有凭,立卖断契,永远为照。

　　实收契内钱拾千柒百文正,再照。

道光玖年十二月　日
　　　　立卖断契　李式雁(画押)
　　　　为中　堂伯曰恒(画押)
　　　　在见　胞叔曰贺(画押)
　　　　　　　母郑氏(画押)
　　　　代笔　堂伯曰果(画押)

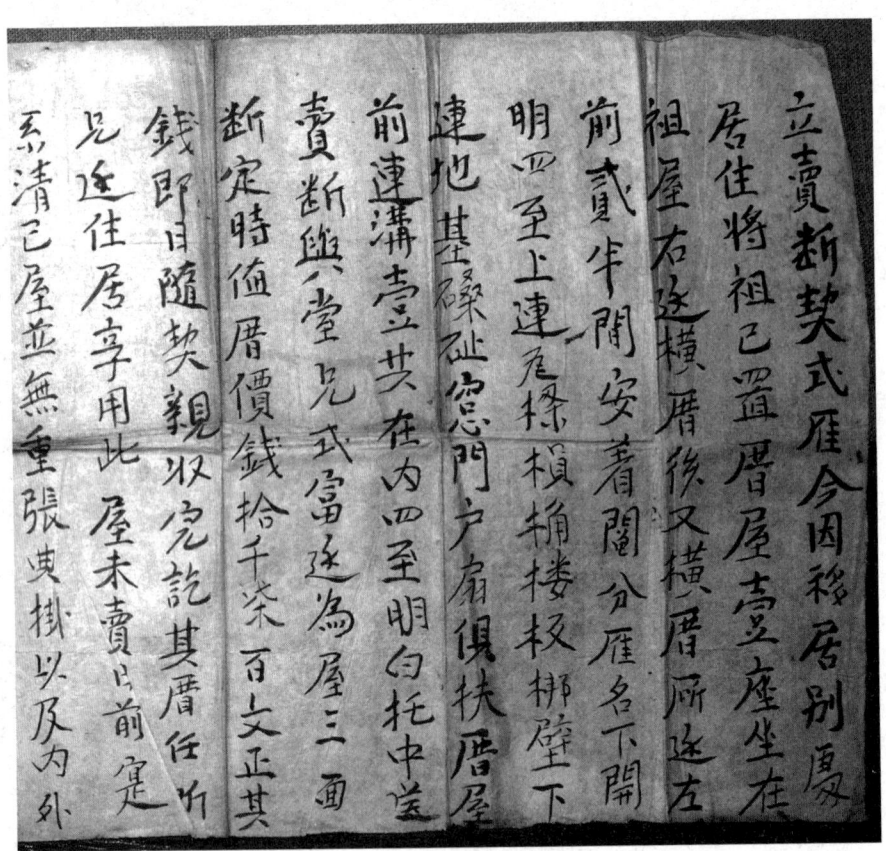

立賣斷契式雁今因務居別廈居住將祖已置厝屋壹座坐在祖屋右邊橫厝後又橫厝所逐左前貳牛間安著閣分雁名下開明四至上連房椽桷樓枝搁壁下連地基礎砌窗門戶扇俱扶厝屋前連溝壹共在內四至明白托中送賣斷與八堂兄式當迄為屋三面斷定時值厝價錢拾千柒百文正其錢即日隨契親收完訖其厝任兄迄住居享用此屋未賣兒前定系清已屋並無重張典掛以及內外

图2-3-2A 道光九年十二月李式雁卖屋契

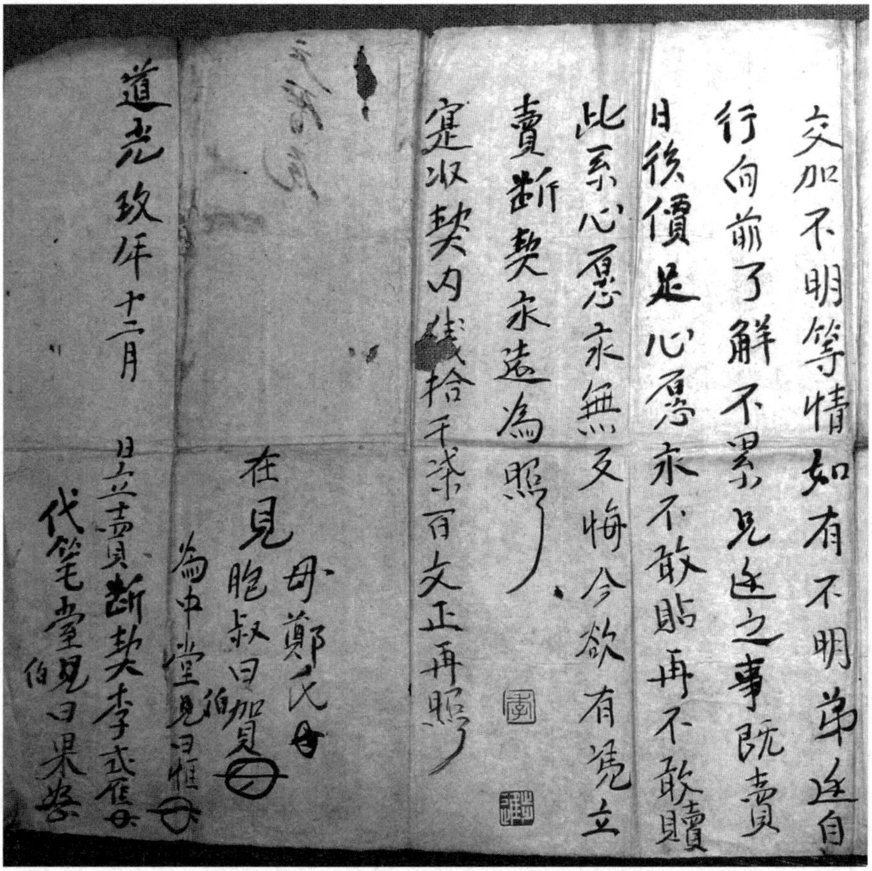

交加不明等情，如有不明弟逴自
行向前了觧，不累兄迻之事阮賣
日後價足心愿永不敢貼再不敢贖
此系心愿永無反悔今欲有凭立
賣斷契永遠為照
定收契内錢拾千染百文正再照

母鄭氏 (押)
在見 胞叔曰賀 (押)
　　　為中堂見曰恒 (押)

道光玖年十二月　日共賣員斷契李式雁安
代筆堂見曰果姿

图 2-3-2B　道光九年十二月李式雁卖屋契

5. 道光十一年(1831年)月十二月李锡欣卖屋契

立卖断契堂弟锡欣,今因弃远就近,乏钱应用,即将烟寮①壹座并基连曝烟基地壹处,坐落茗垟祖屋后,土名马腰鞍安着。托中送卖与堂兄锡达,兄边受用、晒烟。三面言议②,公估时价制钱肆千文正。其钱即日随手收讫,其烟厂并晒烟基地壹切在内,听从兄边受用。日后不敢言及贴赎,亦不敢另生枝节。此系两愿,各无反悔。今欲有凭,立卖断契壹纸为照。

  道光十一年③十二月　日
    立卖断契　锡欣(画押)
    在见　胞弟锡冬(画押)
    代笔　中堂叔曰璧(画押)

注释
①烟寮:晒烟的小屋。
②三面言议:卖主、买主、中介人三方当面议定。
③道光十一年:即1831年。

6. 道光二十六年(1846年)八月李锡冬卖屋契

　　立卖断厝契侄锡冬,今因乏用,将己手所置屋宇半间,又空地半间,坐落祖屋右边横厝后。另外三间左厅边前半间,又空地半间相连。上及榐皮瓦桷①,下及地基礤子,左右具及板壁,前后具及沟壑,托中送卖与堂叔曰火、凑锦受用。三面估值时价钱陆千文正,即日随契亲收完讫。其屋悉听叔边改换门户,搬入住居。此屋未卖日前实系清白,并无交加不明。如有此情,侄边自能向前了理,不累叔边之事。既卖以后,价足心愿,日后永无贴赎,再无另生枝节。此系两愿,各无反悔。今欲有凭,立卖断契为照。
　　实收厝价钱陆千文正(画押)
　道光贰拾陆年②八月　　日
　　　　立卖契　侄锡冬(画押)
　　　　为中　　侄式池(画押)
　　　　见契　　侄式秋(画押)
　　　　代笔　　兄曰璧(画押)

注释

①桷:方形的椽子。
②道光贰拾陆年,即1846年。

7. 道光三十年（1850年）十二月李锡座当田契

公坑牛栏

　　立当契李锡座，今因乏应，就将阄分己业田壹号，坐落十九都外洋企坑内，又牛栏山一号，坐落墓前。四至旧在契内，托中送当与同叔曰火边耕种，估值当田山价钱贰仟捌百文正。其钱即日，其田山听叔边耕种、留样。面约几年，俚边备出本钱取赎。如是无钱取赎，其田山任听叔边耕种，俚边有钱取赎，叔边不敢意（异）言。此系两愿，各无反悔。恐口无凭，立当契一纸为照。

　　道光三十年① 十二月　日

　　咸丰贰年小春月，再加当钱壹千贰百，再照（画押）

　　　　　　　　　　立当　锡座（画押）

　　　　　　　　　　为中　仪正（画押）

　　　　　　　　　　见字　仪超（画押）

　　　　　　　　　　代笔　曰磋（画押）

注释

①道光三十年：即1850年。

8. 咸丰元年(1851年)十二月周阿西卖风水契

立卖风水契周阿西,原有祖父亲手己置山场吉穴壹号,坐落十九都分水关①,土名潘家安着。四至开明,上至环外贰丈,下至田,左至古坟边,右至环外贰丈为界。今因缺钱应用,自心情愿,就将本山右边古坟边壹穴,托中送卖断与李宅永余叔边,择穴安葬为业。三面言定,时值山价钱拾千捌百文正,花红在内。其钱即日随契亲收完讫,无挂分文。其山吉穴未卖之先寔系清白己业,并无内外人等财谷交加不明。如有此情,周边自能向前了解,不累李边之事。既卖断之后,其山内吉穴任听李边择吉安葬,万水朝环,儿孙发达,富贵双全。向后周边不敢阻执,另生枝节异言等情。此系两家心愿,各无反悔。恐口无凭,立卖风水契,永远存照。

咸丰元年②拾贰月　日
　　潘家坟
　　即日实收山契内价钱壹拾捌百文正,再照(画押)
　　　　立卖风水契　周阿西(画押)
　　　　　　在见　蔡开林(画押)
　　　　　　为中　俞陈文(画押)
　　　　　　代笔　夏孟钰(画押)

注释

①分水关:《明史·地理志》记福宁州北有分水关与泰顺界关,清代福鼎设县后,此地属十九都。今属贯岭镇分关村。
②咸丰元年:即1851年。

9. 咸丰二年（1852年）十一月李式意卖山契

　　立卖断契式意，今因缺钱应用，将祖置山场壹号，坐落十九都，土名牛栏长槓安着。山两段，上段开明四至，上至式答山，下至式铨山，左至路，右至式畅山埯，埯边直上为界。下段上至式铨山，下至式训山，左至坑，右至式畅山为界，四至明白。托中送卖断与曰火叔边为业。三面断定，时值山价钱贰千玖百文正。其钱即日随契亲收完讫，其山任听叔边管业、开垦、耕种、栽插、留样。其山未卖前实系清白，并无典挂他人。如有此情，侄边自行向前支解，不累叔边之事。既卖以后，价足心愿，永不敢贴赎等语。此系两愿，各无反悔。今欲有凭，立卖断山契，永远为照。

　　咸丰贰年十一月　　日
　　　　立卖断契　式意（画押）
　　　　　　为中　仪郡（画押）
　　　　　　代笔　式铨（画押）

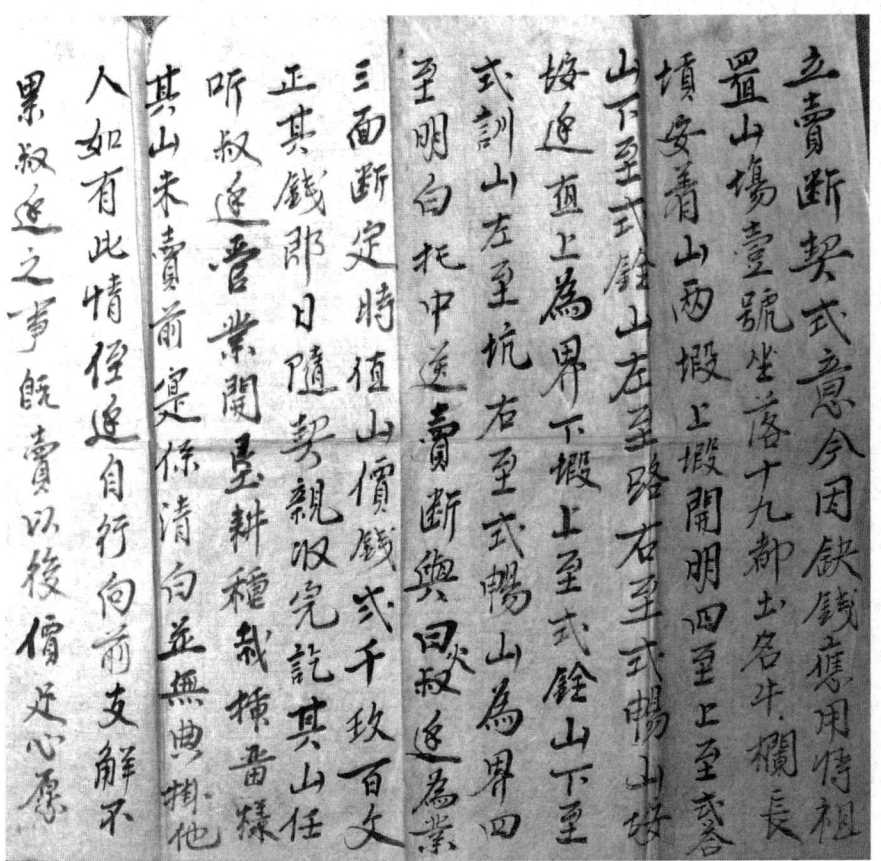

立賣斷契式意今因缺錢應用傳祖置山場壹號坐落十九都土名牛欄長墳安菁山西墈上墈開明四至上至參墳山下至式銓山左至路右至式暢山坡按逕直上為界下墈上至式銓山下至式訓山左至坑右至式暢山為界四至明白托中逐賣斷與回叔逕為業三面斷定時值山價錢弍千玖百文正其錢郎日隨契親收完訖其山任聽叔逕營業開墾耕種栽横蕃薯樣其山未賣前定係清向並無典掛他人如有此情俱逕自行向前支解不果叔逕之事既賣以後償延心愿

图 2-3-3A　咸丰二年十一月李式意卖山契

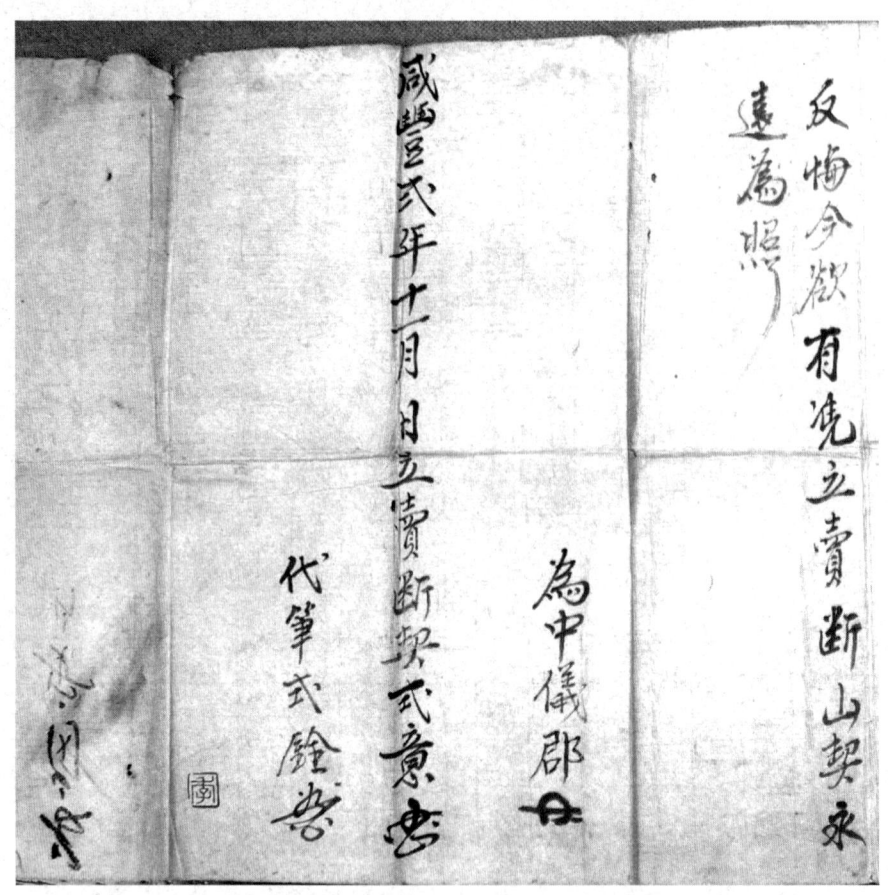

图 2-3-3B 咸丰二年十一月李式意卖山契

10. 咸丰三年(1853年)春月李锡座卖田契

立卖断契同侄锡座,今因缺钱应用,就将已置坑田壹号,坐落十九都茗垟,土名企坑安着,四至开列于后。又山壹号,坐落拱天湖墓前安着,四至开明,左至锡界山为界,三至田,四至明白。托中送卖与同叔曰火为业,三面言议,估值时山田价钱肆千柒百文正。其钱即日随契收讫,其田山任听叔边种作。此田山实分已业,与伯叔兄弟无涉。既卖以后,价足心愿,并无言等悔情。此系两愿,各无反悔。今欲有凭,立卖断田山契壹纸,永远为照。

实收价钱肆千柒百文正,再照。

计开四至:左至山,右至溪,上至山,下至路。

咸丰三年　春月　　日

企坑田

　　　　立卖契　锡座(画押)
　　　　见契　　仪超(画押)
　　　　为中　　锡金(画押)
　　　　代笔　　曰磋(画押)

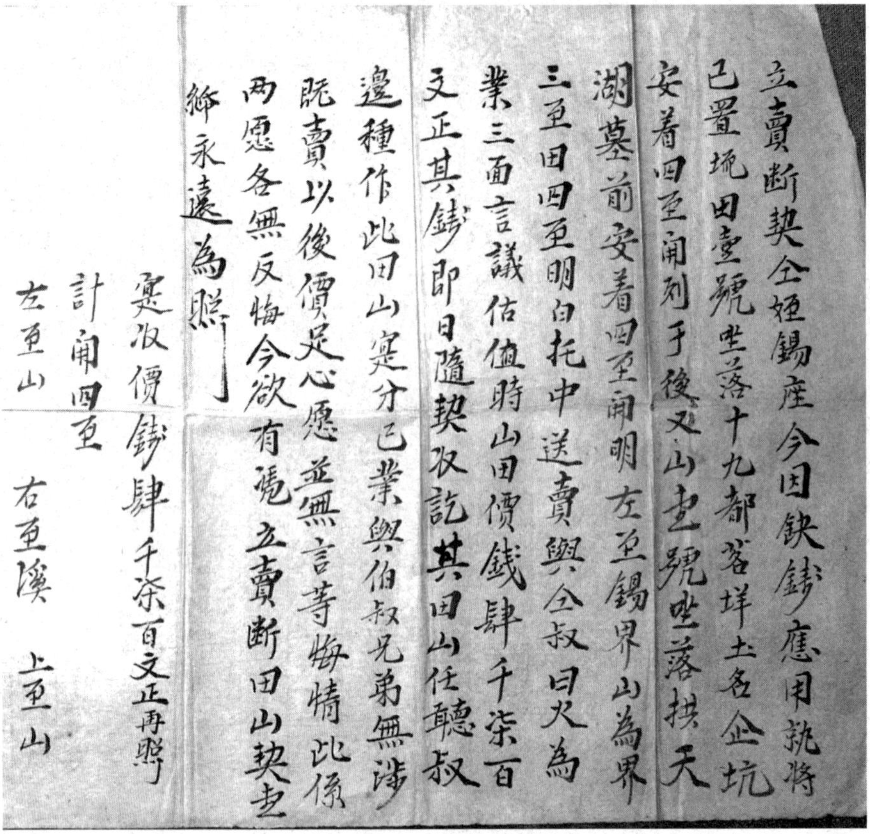

立賣斷契仝姪錫座，今因欠錢應用，就將
已置坑田壹號，坐落十九都笤垾土名企坑
安著回至闹列于後，又山壹號坐落拱天
湖墓前安著回至南明，左至錫界山為
業，三面言議估值時山田價錢肆千柒百
三至田四至明白，托中送賣與仝叔曰火為
文，正其錢即日隨契收訖，其田山任聽叔
邊種作，此田山寔分己業，與伯叔兄弟無涉
既賣以後價足心愿，並無言等悔情此係
兩願各無反悔，今欲有憑，立賣斷田山契壹
紙永遠為照

　　計開四至
　　左至山　　右至溪　　上至山
　　寔收價錢肆千柒百文正再聊

图 2-3-4A　咸丰三年春月李锡座卖田契

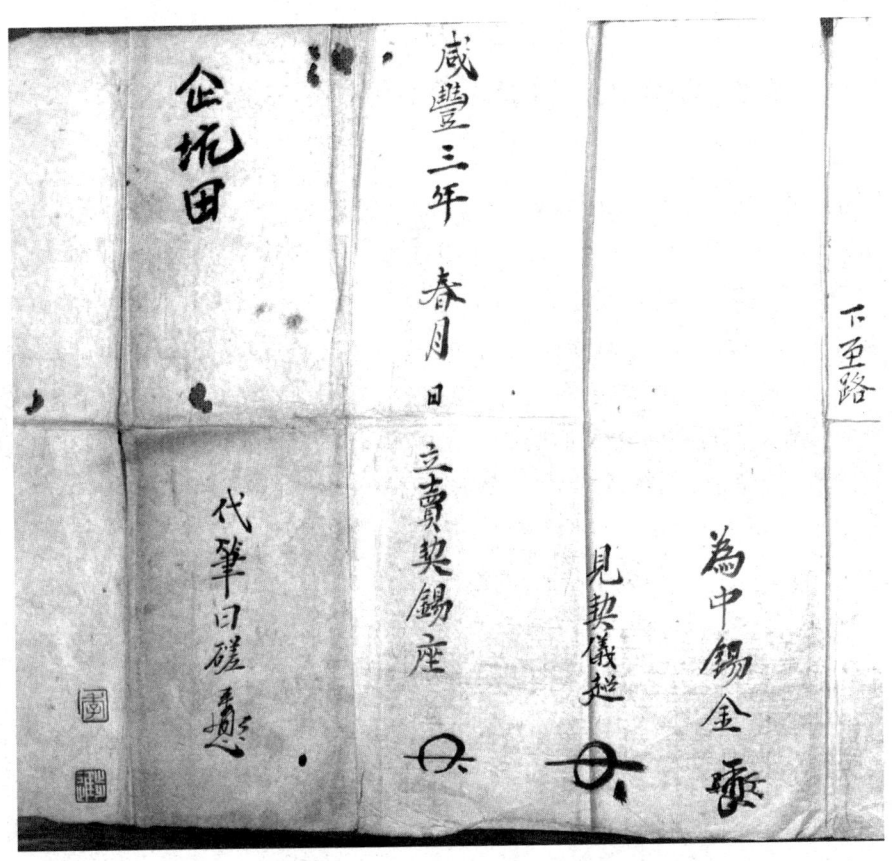

图 2-3-4B　咸丰三年春月李锡座卖田契

11. 咸丰三年（1853年）五月李式铨卖山契

　　立卖断契侄式铨,今因缺钱应用,将公置山场壹号阄分己名下,坐落十九都茗垟,土名牛栏长岗①安着。开明四至,上至曰火叔山,左下至曰火叔山,右下至式畅山,左至垵心直上,右至坑沟直上为界,四至明白,托中送卖断与曰火叔边为业。三面断定,时值山价钱叁千叁百文正。其钱即日随契亲收完讫,其山场任听叔边享用、开垦（垦）、栽插、留样。其山场未卖日前实系清白物业,并无兄弟交家不明。如是不明,侄边自行了解,不涉叔边之事。既卖以后,价足心愿,各无反悔。今欲有凭,立卖断山契,永远存照。

　　咸丰三年五月　　日
　　　　　　立卖断契　式铨（画押）
　　　　　　　见契　式后（画押）
　　　　　　代笔中　式意（画押）

注释

①牛栏长岗：今为茗垟村下的牛栏冈自然村。

12. 咸丰七年(1857年)十二月李曰怀卖屋契

　　立卖断厝契同弟曰怀,今因乏应,将祖父分置右边横屋尾下丕壹杆,上及圆皮柴角,下及地基石墙。托中送卖与同兄曰火改移、居住。三面言议,估值时价贰仟伍百文正。其钱即日随手收讫,其厝任听兄边居住享用。此厝未卖日先实系清白,如是交加不明,弟边自能向前支改,不累兄边之事。此系两愿,各无反悔。恐口无凭,立卖断厝契壹纸,永远为照。

　　咸丰柒年①腊月　日
　　　　立卖断厝契　曰怀(画押)
　　　　　　见契　曰鼎(画押)
　　　　　　为中　曰楼(画押)
　　　　　　代笔　曰磋(画押)

注释

①咸丰柒年:即1857年。

13. 咸丰九年(1859年)八月李锡子卖地基契

　　立卖契侄锡子,今因移出前住,将有己置半榈地基,坐落祖屋右边横厝后空地半榈,卖与堂叔曰火、凑锦构屋。三面估值,时价制钱贰千贰百文正。其钱即日随字收讫。其地基听从叔边具(兴)工、平基、受用,日后侄边亦无另生支节。此系两愿,各无反悔。今欲有凭,立卖断契,永远为照。

咸丰九年①八月　日
猪桯基
　　　　立卖契　侄锡子（画押）
　　　　见字　　侄锡庚（画押）
　　　　为中　　侄锡炭（画押）
　　　　代笔　　兄曰璧（画押）

注释

①咸丰九年:即1859年。

14. 咸丰十一年（1861年）十二月李锡驾卖屋契

　　立卖断契李锡驾，今因乏用，自愿将祖置阄分己下牛栏基壹厅连栏茅屋壹共在内，坐落祖厝右边，横厝尾后面安着，左至曰楼叔厝，右至路，前至沟，后至路，上及青天，下及九泉。托中送卖与堂叔曰火边管用。三面断定时值价钱叁千文正，其钱即日亲手收讫，其牛栏任听叔边修造管用。未卖日前实系阄分清白，与房族叔侄兄弟无干。如是内外交加不明，侄边自能料理，不涉叔边之事。既卖之后，价足心愿，永无贴赎，不敢另生枝节异言情弊。今欲有凭，立卖断契为照。

　　咸丰拾壹年十二月　　日
　　　　立卖断契　李锡驾（画押）
　　为忠（中）　堂兄锡子（画押）
　　　　在见　胞伯曰党
　　　　代笔　堂兄锡响（画押）

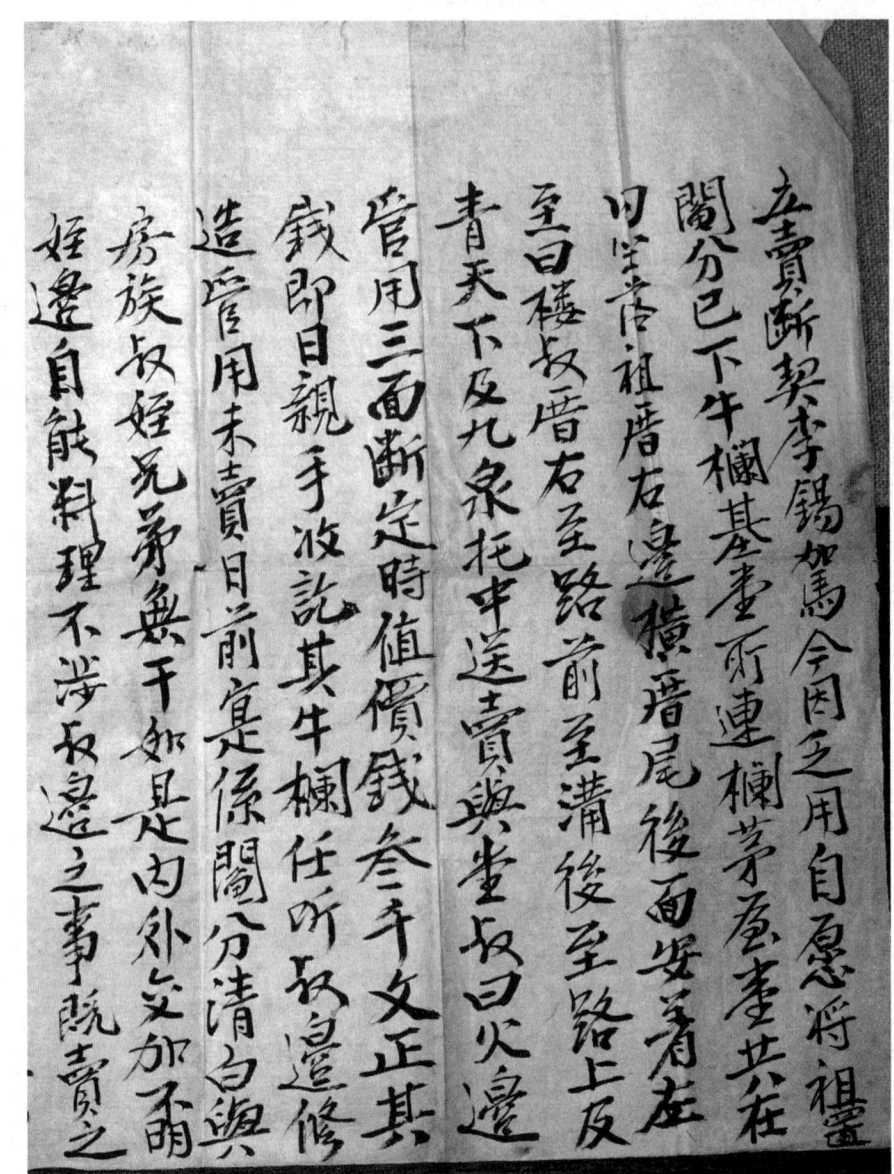

图 2-2-5A　咸丰十一年十二月李锡驾卖屋契

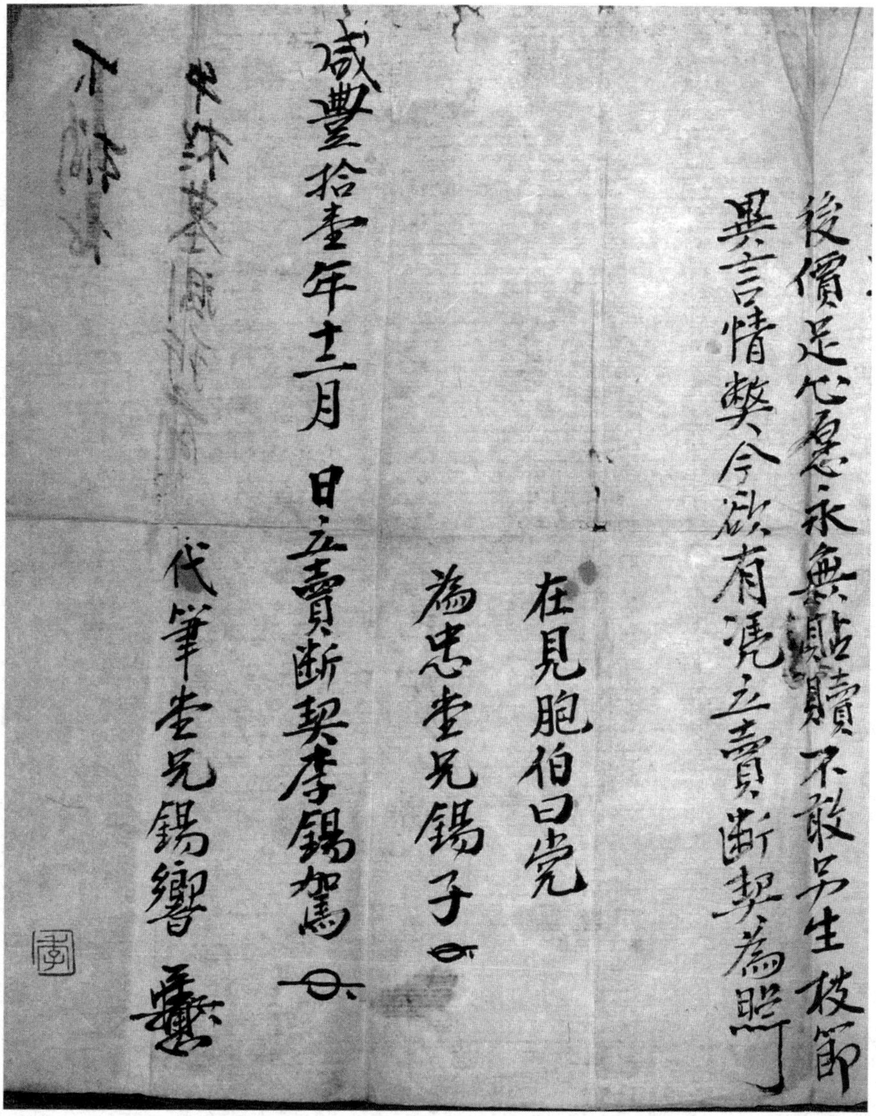

後價足心愿，永無貼贖，不敢另生枝節異言情獎，今欲有凭立賣斷契為照

在見胞伯曰光

為忠堂兄錫子

咸豐拾壹年十二月 日立賣斷契李錫駕

代筆堂兄錫響

图 2-2-5B 咸丰十一年十二月李锡驾卖屋契

15. 同治元年(1862年)八月李曰等卖茶园契

　　立卖断契同弟曰等,今因乏应,将祖山自己茶连园叁段,土名刘柴外安着。上至路,下至田,左至己山,右至小路为界,四至清白。托中送卖与同兄曰火为业,三面言议,时值价钱伍千文正。其钱即日随手亲收圆讫,其茶并园兄边彩(采)摘、种作,弟边不敢意(异)言等情。此茶园既卖之后,价足心愿,并无反悔。恐口无凭,立卖断契壹纸为照。
　　同治元年桂月　　日
　　　　立卖断契　曰等(画押)
　　　　见字　　　锡札(画押)
　　　　为中　　　曰楼(画押)
　　　　代笔　　　曰磋(画押)

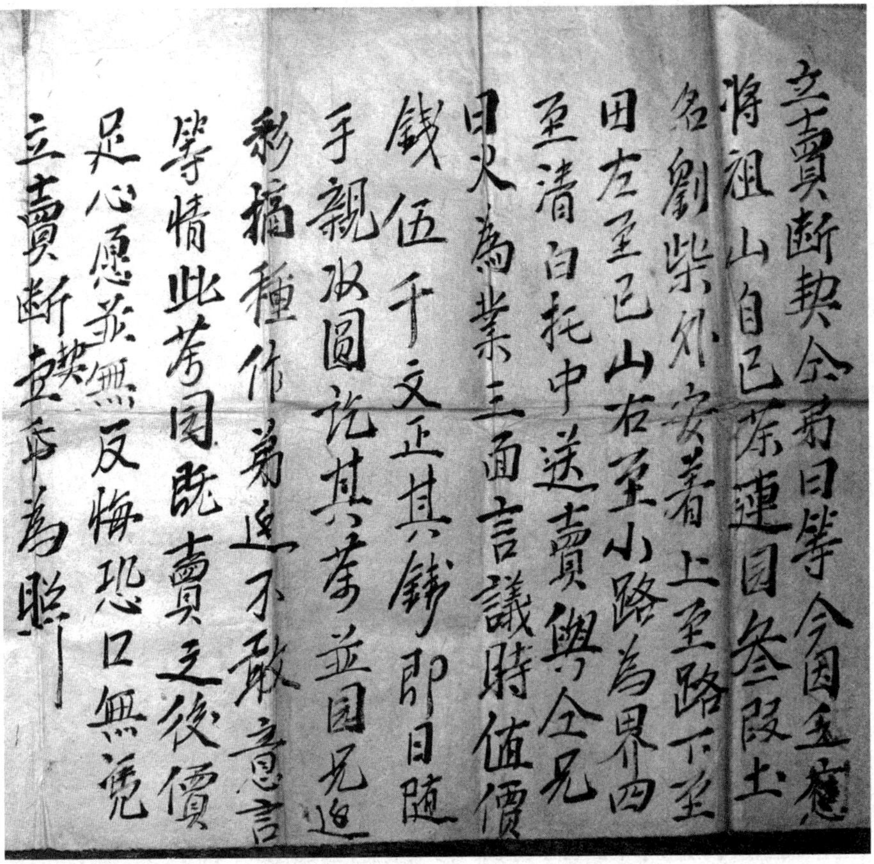

立賣斷契今日等今因无佛、將祖山自己茶連園叁段土名劉柴外安着上至路下至田左至己山右至小路為界四至清白托中送賣與仝兄日火為業三面言議時值價錢伍千文正其錢即日隨手親收圓訖其茶並園无追彩摘種作為迄不敢意言等情此茶園既賣之後價足心愿并無反悔恐口無凭立賣斷契平為照

图 2-3-6A 同治元年八月李日等卖茶园契

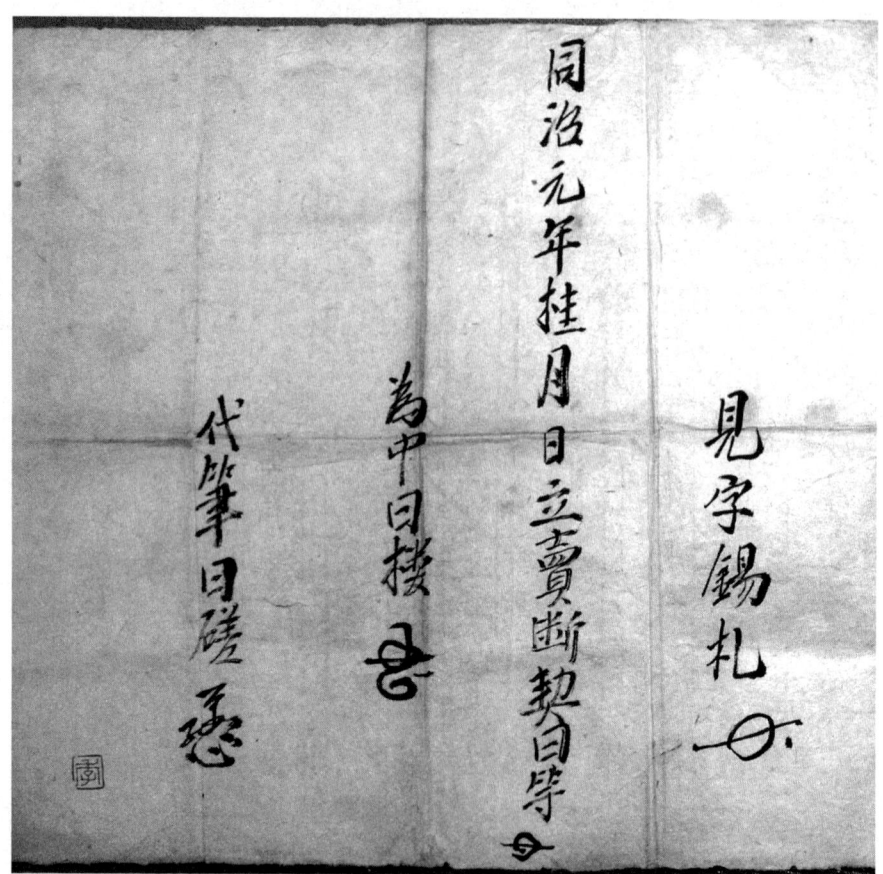

图 2-3-6B　同治元年八月李曰等卖茶园契

16. 同治元年(1862年)十二月李锡驾卖茶园契

立卖断契李锡驾,今因乏用,自愿将祖山内阄己下田仔贰坵,茶园壹号,坐落十九都茗垟,土名牛栏大垟安着。计田仔贰坵并园壹截,又园壹小坪连茶在内,四至开明,上至堂兄锡泉园,下至堂兄锡训田,左至坡,右至本山路子为界。四至明白,托中送卖与堂叔曰火管业。三面断定时值卖断价钱叁千捌百文正,其钱即日亲手收讫,其田园并茶任听叔边召佃、耕种。未卖日前实阄下清白,与叔侄兄弟无干。如是内外交加不明,侄边自能向前料理,不涉叔边之事。既卖之后,价足心愿,永无贴赎,亦不敢另生枝节异言等情。此系两愿,各无反悔。今欲有凭,立卖断契为照。

注内壹字(画押)实收田园茶价钱叁千捌百文正,再照者(画押)

大坪坡
同治元年十二月　日
　　　立卖断契　李锡驾(画押)
　　　　为中　堂叔曰楼(画押)
　　　　在见　堂叔曰埕(画押)
　　　　代笔　堂兄锡响(画押)

17. 同治元年(1862年)十二月李曰顶卖茶园契

　　立卖断契李曰顶,今因乏用,自愿将祖山内茶园壹号,又菜园壹角。其园坐落十九都茗垟,土名凤岗尖安着。计茶园壹片连茶在内,菜园在祖厝埕墙下右边园壹角贰共内。托中送卖与堂兄曰火边管业,三面断定,时值卖断价钱叁千陆百文正。其钱即日亲手收讫,并无折算等情,其园任听兄边召佃、耕种。未卖日前实已下清白,阄分与房族叔侄兄弟无干。如是内外交加不明,弟边自能向前料理,不涉兄边之事。既卖之后,价足心愿,永无贴赎,亦不敢另生枝节异言等弊。此系两愿,各无反悔。今欲有凭,立卖断契为照。

　　实收园价钱叁千陆百文正,再照(画押)

同治元年十二月　日
　　　立卖断　李曰顶(画押)
　　　为中　堂兄曰快(画押)
　　　在见　堂兄曰楼(画押)
　　　代笔　堂侄锡响(画押)

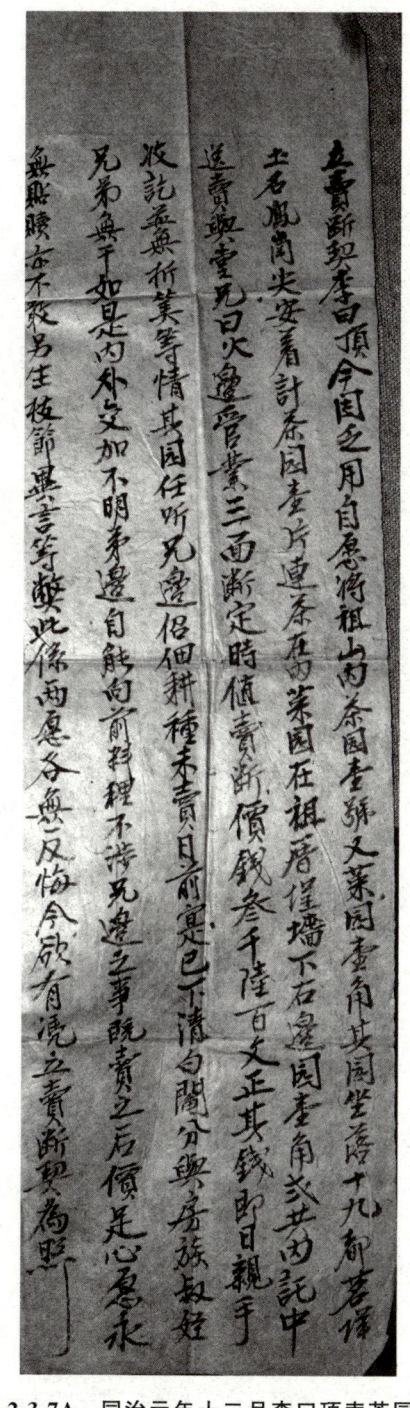

图 2-3-7A 同治元年十二月李曰顶卖茶园契

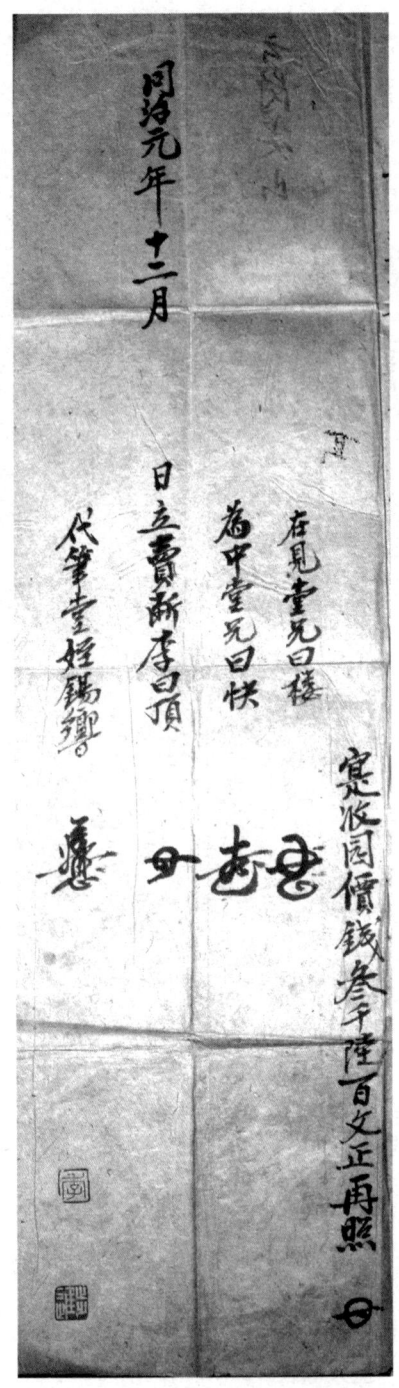

图 2-3-7B　同治元年十二月李曰顶卖茶园契

18. 同治二年(1863年)九月李曰快卖烟寮契

　　立卖断烟寮契堂弟曰快,今将父手置□寮半杆连烟寮基地在内,托中送卖与堂兄曰火为业。三面言议,其钱即日亲收园讫,其烟寮地基任听兄边应□,弟边□□异言等情。此系两愿,各无反悔。恐口无凭,立卖断契,永远为照。

　　同治贰年菊月　日
　　　　立卖契　曰快(画押)
　　　　　为中　曰凤(画押)
　　　　　代笔　曰磋(画押)

19. 同治二年（1863年）十二月李曰等当厝契

立当厝契曰等，今因乏用，将祖置阄分己名下房屋半间，坐落本宅横厝尾内前半，托中送当与同兄曰火边为胎。三面断定，时值厝价钱壹拾壹千文正。其钱即日随契亲收完足，其厝听兄择日住居享用。面约不拘远近，元（原）价取赎。如无钱取赎，其厝听兄在居。今欲有凭，立当厝契为照。（画押）

同治贰年十二月　日

　　　　立当厝契　曰等（画押）
　　　　为中　同侄锡强（画押）
　　　　在见　侄孙仪治（画押）
　　　　代笔　同侄锡粒（画押）

20. 同治七年(1868年)十二月李曰火当田契

　　立当田契人堂叔李曰火,今因乏钱应用,自愿就将己手置有民田壹号,坐落福鼎十九都茗洋,土名风树门五斗顶安着。古额名五斗,迄今老契内添壹箩壹斗正,四至箩额具在老契清白。托中送当与族侄李锡遂边为业,三面断定,时值当价铜钱壹百千文正。其钱即日亲收讫,并无折算等情,其田任听侄边召佃、收租。此田合载苗米壹斗肆升,叔边自能完纳,不累侄边之事。未当日前实系己手,所置清业,并无内外财谷交加不明。如有此情,叔边自理,不累侄边之事。既当之后,面约不拘远近,叔备原价钱赎回。如无钱取赎,其田任听侄边永远管业、收租,叔边阻留不敢异言生端等情。此系两愿,各无反悔。今欲有凭,立当田契存照。

　　同治柒年十二月　日
　　　　　　内添拾字又图贰字,再照(画押)
　　即日实收契内当价铜钱壹百千文正,再照(画押)

　　　　　立当田契人　堂叔李曰火(画押)
　　　　　　在见契　男锡朝(画押)
　　　　　代笔中　堂侄锡炮(画押)

21. 同治十一年(1872年)十二月李仪夏卖屋契

　　立卖断契人房侄仪夏,今因乏用,自愿将祖置阄分己下屋宇壹间,洪沟连园,坐落洋心。本厝左边有另竖屋宇共四间,夏分左边第贰间,又间外洪沟连园在内。其厝上连楣皮尾桷,下连门窗户扇地基磜石,左及翁家田为界,四至清白,托忠送卖与房叔式泉边为屋居住。三面断定时值价钱壹万捌千文正,即日亲收完讫,其屋任听叔边择日搬运、居住以及再添架屋,不敢异言。此基合粮制钱贰拾文,寄丁完纳,不得多推少收。未卖日前实系阄下清白,屋宇园沟与叔侄兄弟无干。如是内外交加不明,侄边自理,不累叔边之事。既卖之后,价是心愿,不敢贴赎,永无另生枝节异言等情。此系两愿,各无反悔。今欲有凭,立卖断契为照。

　　　　　　内添三字(画押)
　　　　　　即日实收价钱壹万捌千文正,再照(画押)
　　同治拾壹十二月　日
　　　　　立卖断契　房侄仪夏(画押)
　　　　　在见　胞贰兄仪番(画押)
　　　　　　为忠(中)　仪正(画押)
　　　　　　代笔　房叔式炮(画押)

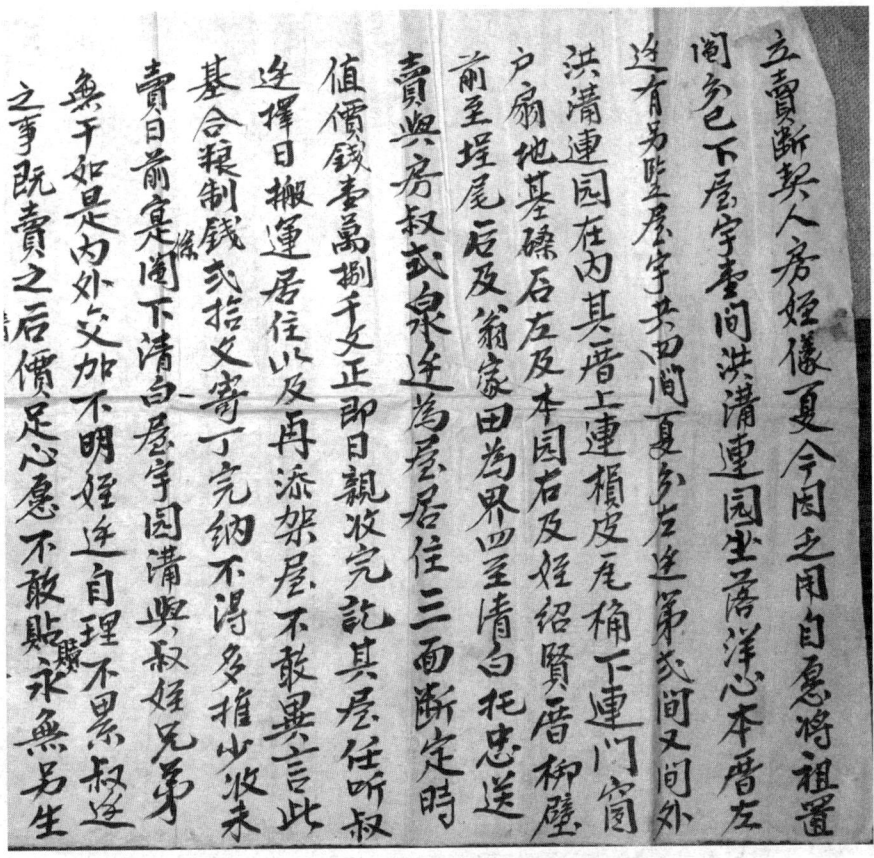

立賣斷契人房姪儀夏今因乏用自愿將祖置
閩乜下厝宇壹間洪溝連園坐厝洋心本厝左
近有另基厝宇共四間夏多右迄第貳間又間外
洪溝連園地基在內其厝上連梱皮尾桶下連門窗
戶扇地基碟石及本園石及姪紹賢厝柳壁
前至埕尾后及翁家田為界四至清白托忠送
賣與房叔武泉邊為厝居住三面斷定時
值價錢壹萬捌千文正即日親收完訖其厝任听叔
迄擇日搬運居住以及再添架屋不敢異言此
基合糧制錢貳拾文寄丁完納不得多推少收未
賣目前定閩下清白厝宇園溝與叔姪兄弟
無干如是內外交加不明姪邊自理不累
之事既賣之后價足心愿不敢貼贌永無另生

图 2-3-8A　同治十一年十二月李仪夏卖屋契

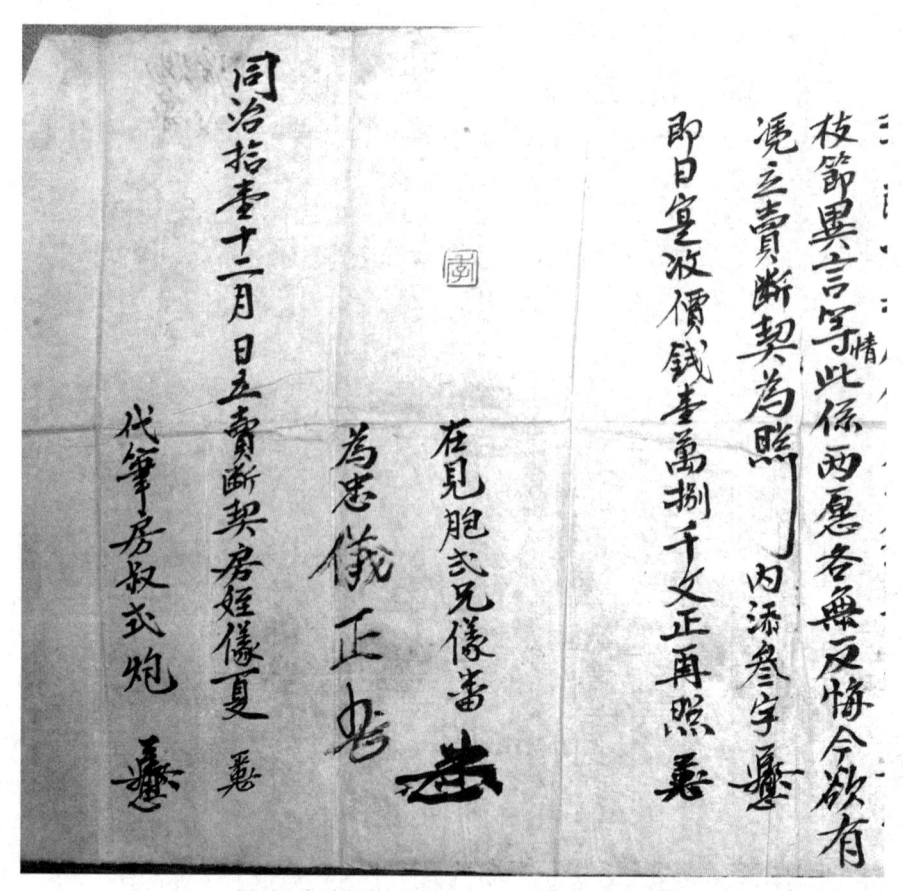

图 2-3-8B　同治十一年十二月李仪夏卖屋契

22. 光绪二年(1876年)十二月李锡札立寄佃契

立寄佃人堂弟锡札,原有祖上分承叶家业主①苗田壹号,坐落十九都茗洋,土名三箩岗淇头安着。计种田壹屯,合古(估)租额伍拾叁斤正。今因乏用,弟边自情愿托中送寄与堂兄锡椿边耕种。三面断定,估值时田皮钱玖千叁百文正,其钱即日随手亲收完讫。未寄日前实系分承清白。既寄以后,各无争竞②。面约不拘远近,弟边备有原价钱赎回,兄边不得执留。如是无钱取赎,其田任听兄边永耕。此系两家情,各无反悔。今欲有凭,立寄字存照。

　　光绪贰年③十二月　日
　　　　立寄佃　李锡札(画押)
　　　　为中　　堂弟锡芙(画押)
　　　　代笔　　黄职俊(画押)

注释

①业主:田园等产业所有人。
②争竞:指争论、争执。
③光绪贰年:即1876年。

23. 光绪五年(1879年)十二月李仪导卖茶园契

立卖断契人族侄仪导,今因乏用,自心情愿就将祖山内开垦园坪壹号,坐落洋头湖,土名牛连埯安着。计种园柒坪,连茶在内,托中送卖与族叔式条边为园耕种。三面断定,时值卖断价钱贰千捌百文正。其钱即日亲收完讫,并无欠少分文。其园茶任听叔边管耕。未卖日前实系清白己垦,并无内外交加不明。如有此情,侄边自能料理,不累叔边之事。既卖之后,价足心愿,不敢贴赎,亦无另生枝节异言等弊。恐口说无凭,立卖断契为照。

即日实收价钱贰千捌百文正,再照者(画押)

光绪伍年①十二月　日

　　立卖断契　族侄仪导(画押)
　　　为中　继兄林克庄(画押)
　　　在见　堂弟仪波(画押)
　　　代笔　房叔式炮(画押)

注释

①光绪伍年:即1879年。

立壹貟斷契人房弟式浚今因乏用自心情愿就將兄置闶下厝屋壹棟壹居洋心厝左连另豎壹座共聊桐邊在左连單共棟安着連圓壹桐羊基地在内座並姚儀港園右盈孫紹賢厝壁前及埕尾后至蒲及姚儀箐田為界正及青天下及九泉託中送賣與房兄武調迖為底居任添架三面斷定時值價金洋壹拾壹貟叁角正其洋即日邊手親收完託其厝任听兄迖壹員添架永遠居住此厝地基合粮制錢贰拾文寄下清白己產盃無少欠未賣日前定條闶下清白己產盃無内外文加不明如有此情兵迖自能向前料

图 2-3-9A 光绪十三年十二月李式浚卖屋契

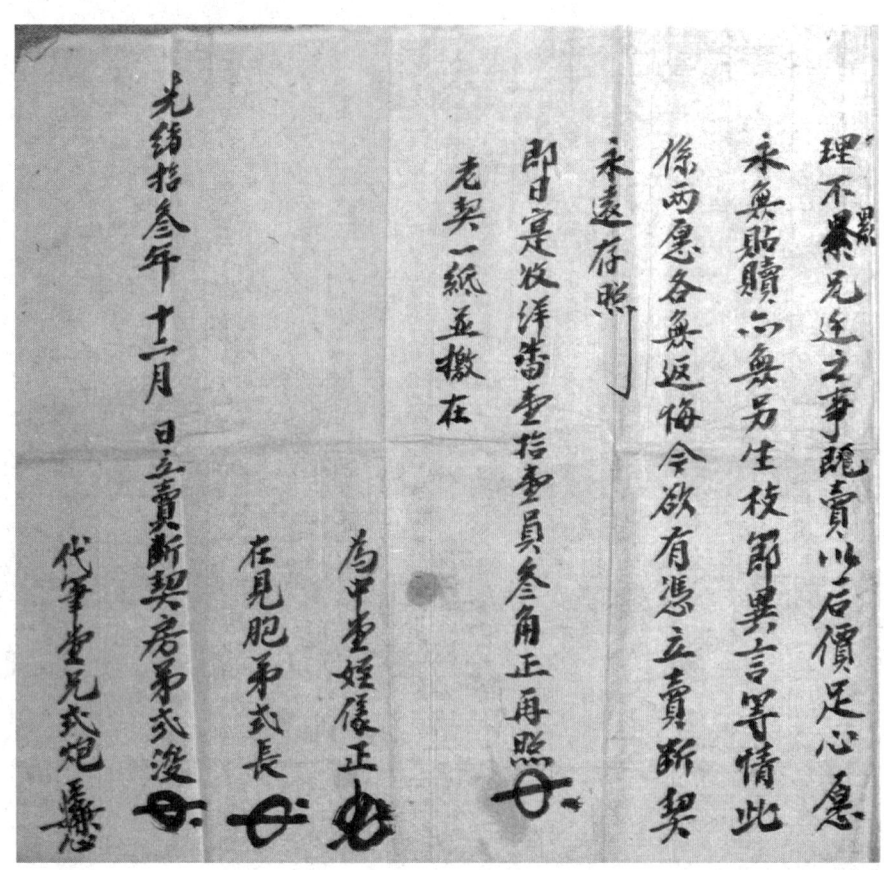

图 2-3-9B　光绪十三年十二月李式浚卖屋契

26. 光绪十三年(1887年)十二月李仪番卖山契

立卖断山契人仪番,阄分己下山场壹号,坐落十九都,土名茗垟牛栏安着。四至开明,上至路,下至田,左至式调本山,右至延庄山为界,四至清白。今因缺钱应用,自心情愿托中送卖于式调边为业。三面议定时值价银叁完伍角正,其银即日亲收完讫,无挂分文。其山未卖之先实系清白,并无内外人财各不明。如有此情,侄边自能向前理改,不累叔边之事。已卖以后,价足心愿。今欲有凭,立卖断山契,永远为照。
　　光绪拾叁年十二月　日
　　牛栏山
　　　　立(卖断人)　仪番(画押)
　　　　　　在见　绍启(画押)
　　　　　代笔中　绍印(画押)

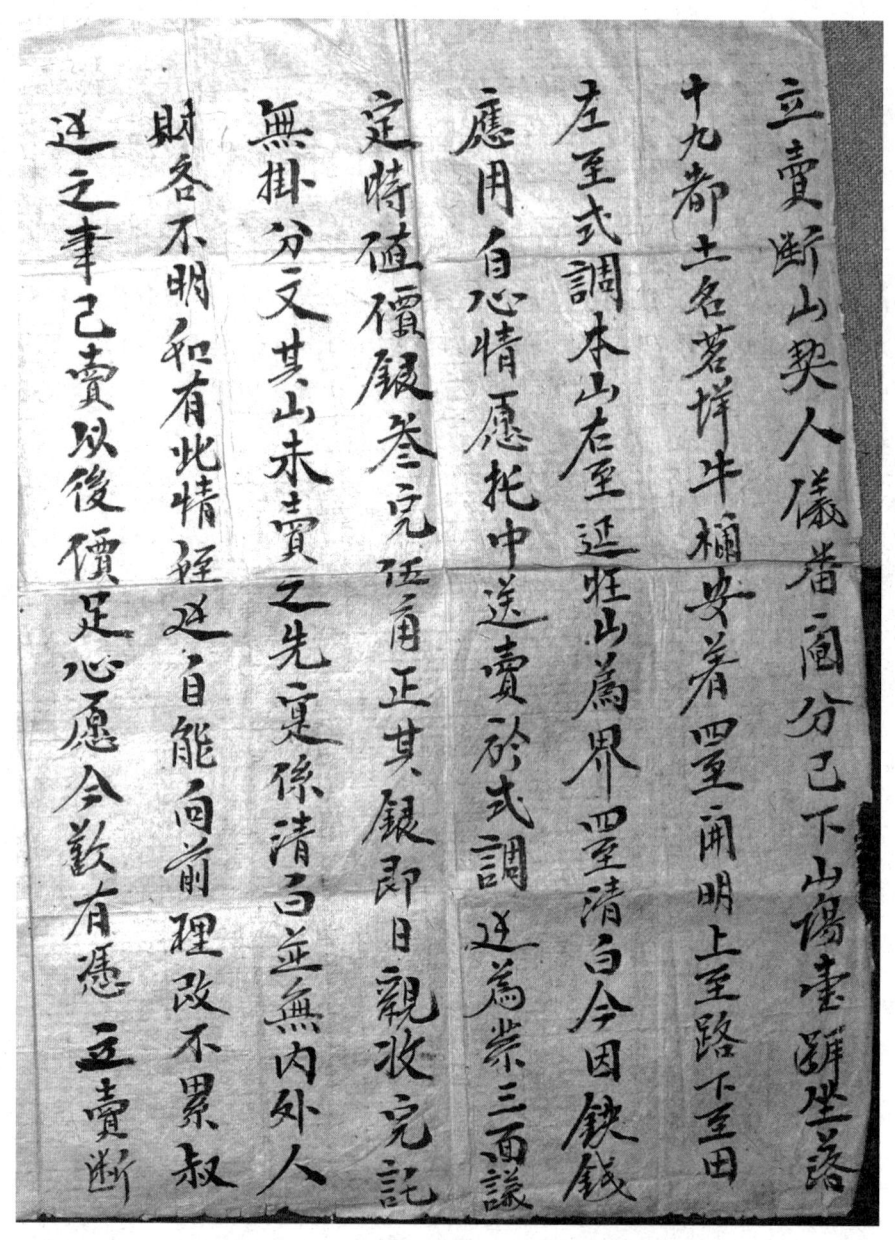

图 2-3-10A　光绪十三年十二月李仪番卖山契

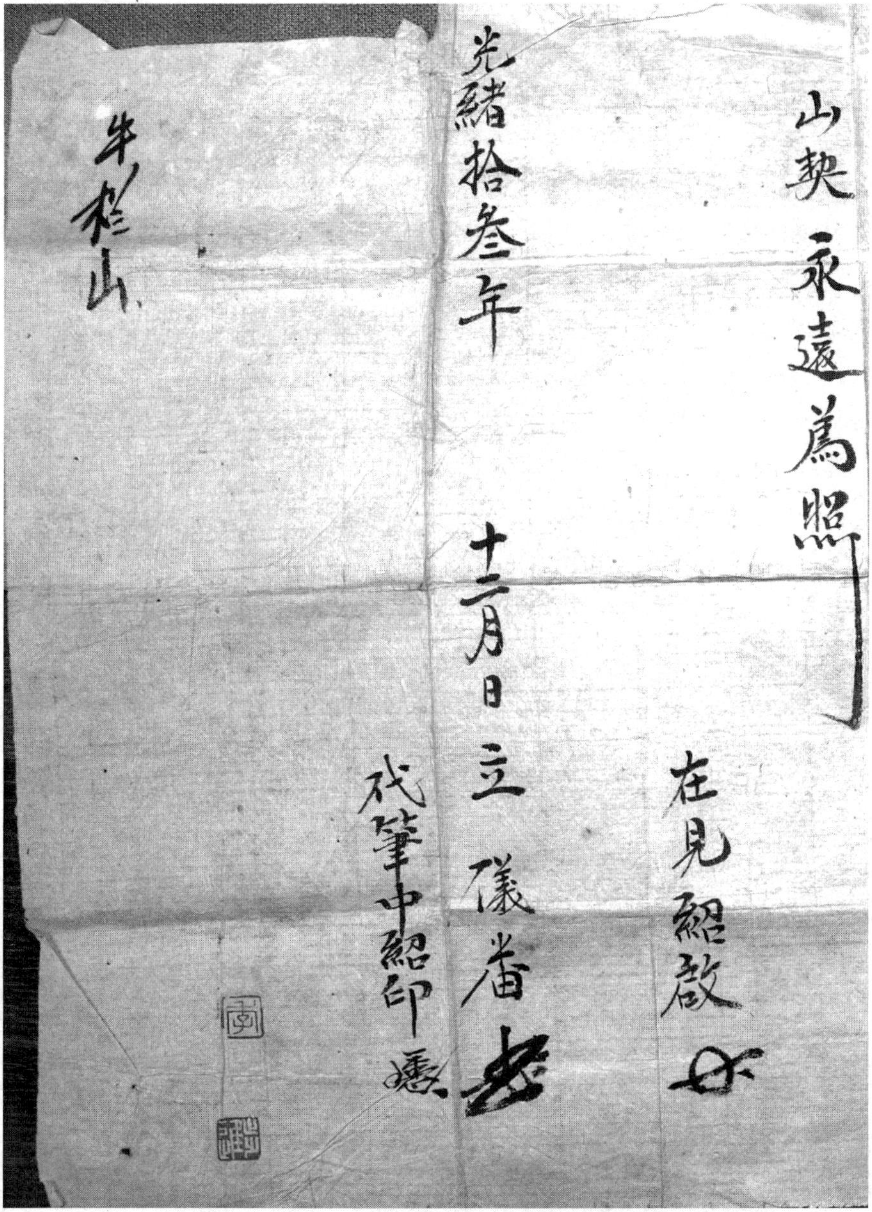

山契永遠爲照

牛欄山

光緒拾叁年十二月日立 儀番

代筆中紹印憑

在見紹啟

图 2-3-10B　光绪十三年十二月李仪番卖山契

27. 光绪十四年（1888年）十二月李式梱脱田契

　　立脱加田堂弟式梱，原前祖父手原有苗田壹号，坐落鼎邑十九都茗垟，土名山头杠黄路脚叶家业主田一号。今因缺钱应用，自情愿托中，送当与兄边堂兄式椿边耕种。三面言定，估值加当价银壹拾捌圆正。其银即日随手亲收完讫，无挂分文。其田未当日先不曾重张。既当以后，兄边耕种，历年至冬，兄边送仓交纳租谷贰佰壹拾伍斤文正，不累弟边之事。面约其艮（银）以照时价所行，另生枝节异言等情。今欲有凭，立加当壹纸为照。

　　光绪十四年十二月　　日
　　　　立加佃　堂弟式梱（画押）
　　　　在见　　堂侄仪巨（画押）
　　　　代笔中　翁如声（画押）

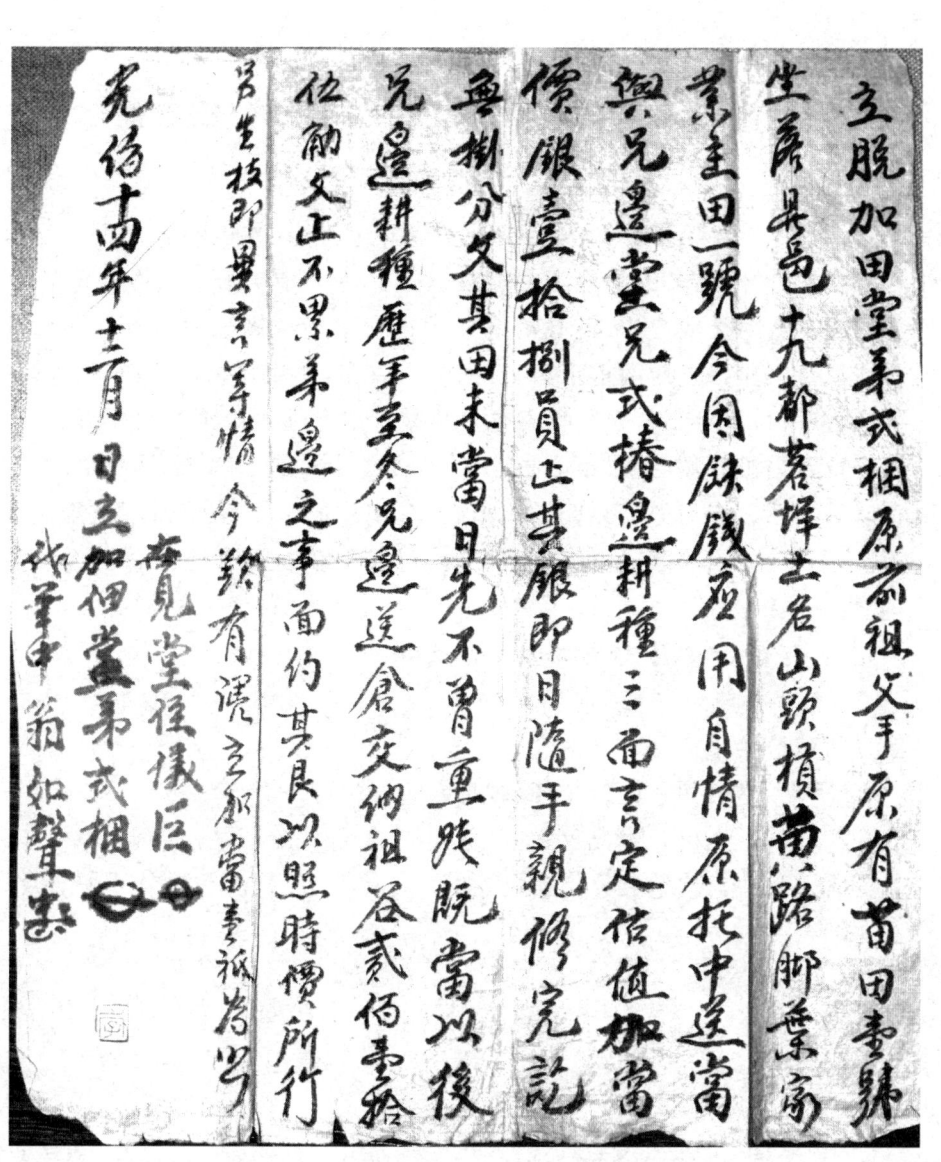

图 2-3-11　光绪十四年十二月李式梱脱田契

28. 光绪二十三年（1897年）十二月李仪缪寄佃契

　　立寄佃人族侄仪缪，原有祖遗阄分己名下承来式化业主苗田壹号，坐落十九都茗垟外洋，土名大墓外八斛垄辂下安着，一段苗田伍坵，又熟田贰坵，四至清白。今因乏钱应用，自心情愿托中送寄与族叔锡长边耕种。三面议定时估值价银厘秤壹拾两重正，即日随契亲收完，中间并无货债俾算。其田任听叔边耕种，历年至冬交纳租谷叁百玖拾斤送还业主收清，无欠斤两。未寄日先以及内外人财谷交加不清等情，侄边自能向前了解，不累叔边之事。既寄以后实系清白，面约伍年以外，侄边备出原价银取赎，叔边不敢阻霸异言等情。如是无银取赎，永远叔边耕种。此系两家心愿，各无反悔。今欲有凭，立寄佃壹纸为照。

　　光绪卅三年十二月，立再加足重银贰圆正，再照。

　　光绪贰拾叁年　月　日
　　　　立寄佃　族侄仪缪（画押）
　　　　立再　堂兄仪缪（画押）
　　　　　代笔　兄仪若（画押）

29. 光绪二十八年(1902年)李仪面当厝契

　　立当厝契人胞弟仪面,原有祖厝阄分己下,坐落小边厝头,前半榈上连梁皮瓦角,下连地基,后至正东柱,前至滴水连沟壑在内。今因缺钱乏应,自心情愿兄弟议论,送与胞兄仪峇边居住。三面议定,时值当价银柒钱叁分重,壹拾壹圆正。即日随契亲收完讫,实系己业,未当日先不曾重张典卦(挂)以及内外交加不明。弟边自能向前料理,不累兄边之事。既当以后实系清白,其厝屋任听兄边居住,弟边不敢阻霸异言。面约不拘远近,弟边备出原价银取赎,兄边不敢另生枝节。若是无银赎回,永远兄边居住。此系两相情愿,各无反悔。今欲有凭,立当厝屋契壹纸为照。

　　光绪廿拾捌年① 　月　 日
　　　　立当厝屋契　仪面(画押)
　　　　　立见字　弟仪峇(画押)
　　　　　代笔　堂兄仪芸(画押)

注释

①光绪廿拾捌年:即光绪二十八年,1902年。

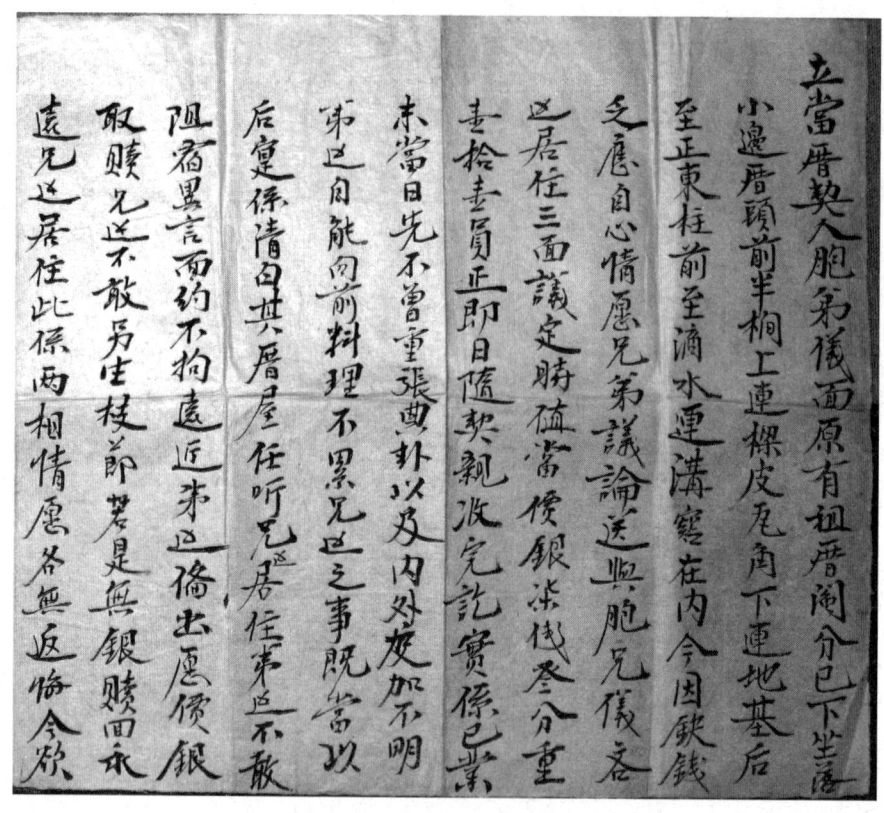

图 2-3-12A　光绪二十八年李仪面当厝契

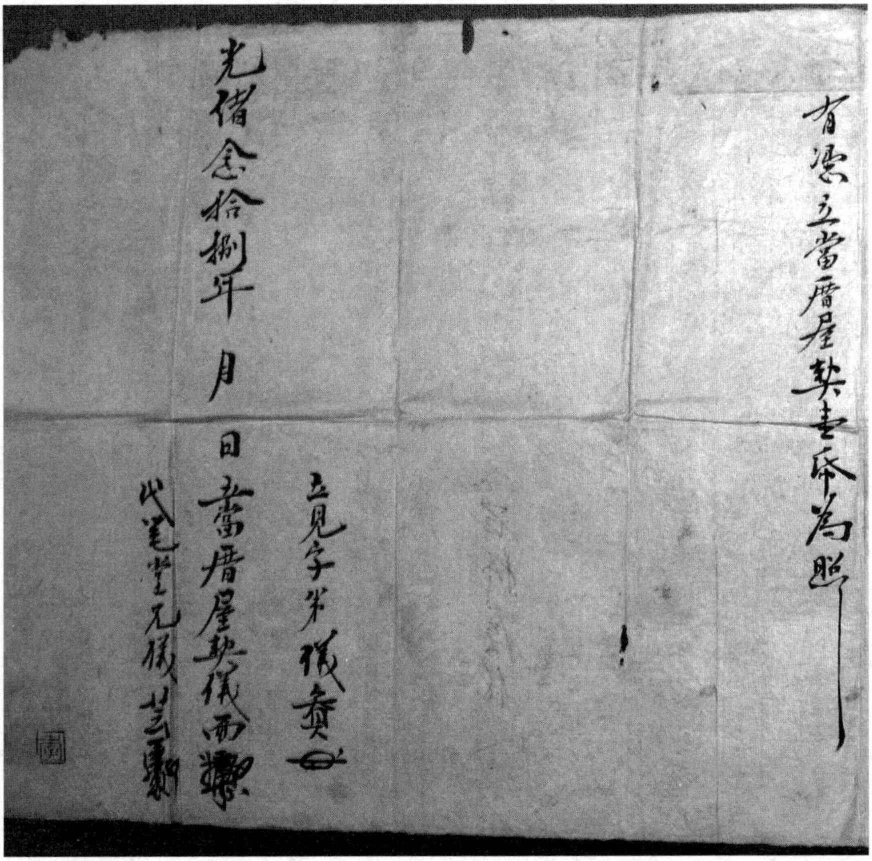

有恐立當厝屋契壹紙為照

光緒念拾捌年 月 日 當厝屋契俄面 □
　　　　　　立見李弟 俄貢 □
　　　　　　代筆堂兄俄 芝 □

图 2-3-12B　光绪二十八年李仪面当厝契

30. 民国七年(1918年)十二月李绍坎寄田契

　　立寄田皮房侄绍坎,今因缺钱应就将祖手洪宅业主承来苗田壹号,坐落十九都茗垟内垟深箩仔安着。内田合载大租共柒佰斤正,蹈出壹股,三股开分,上至仪枫业主田,下至翁家业主田,左至坑仔,右至孔奏田皮为界,四至清白。托中送寄与房叔仪咨边耕种,三面议定,时估值田皮①银柒钱叁分重贰拾肆圆正。其艮(银)即日随字亲手收讫,无卦(挂)分文,内中并无贷责(债)俾算。面断至冬,三股分开,抽出壹股租谷贰佰肆拾斤正交纳业主收清。此田未寄日先并无典挂他人,实系己业,与房族伯叔兄弟侄毫无干涉。如不明等情,侄自向前了解,不累叔边之事。寄后情愿此田任听叔边召佃耕种,面约至五年以外,侄边办田皮银取赎,叔边不敢阻执。无艮(银)取赎,永远任凭叔边耕种,侄边不敢异言。此系两家心愿,各无反悔。今欲有凭,立田皮契壹纸为照。

　　即日实收足洋贰拾肆圆正,再照(画押)

民国柒年②拾式贰月　　日
　　立寄田皮人　房侄绍坎(画押)
　　　　为中　　仪拧(画押)
　　　　代笔见　仪杏(画押)

注释

①田皮:指田面,福建地区田地分为田面权与田底权,亦称田皮与田骨,反映福建地区"一田二主"的现象。

②民国柒年:即1918年。

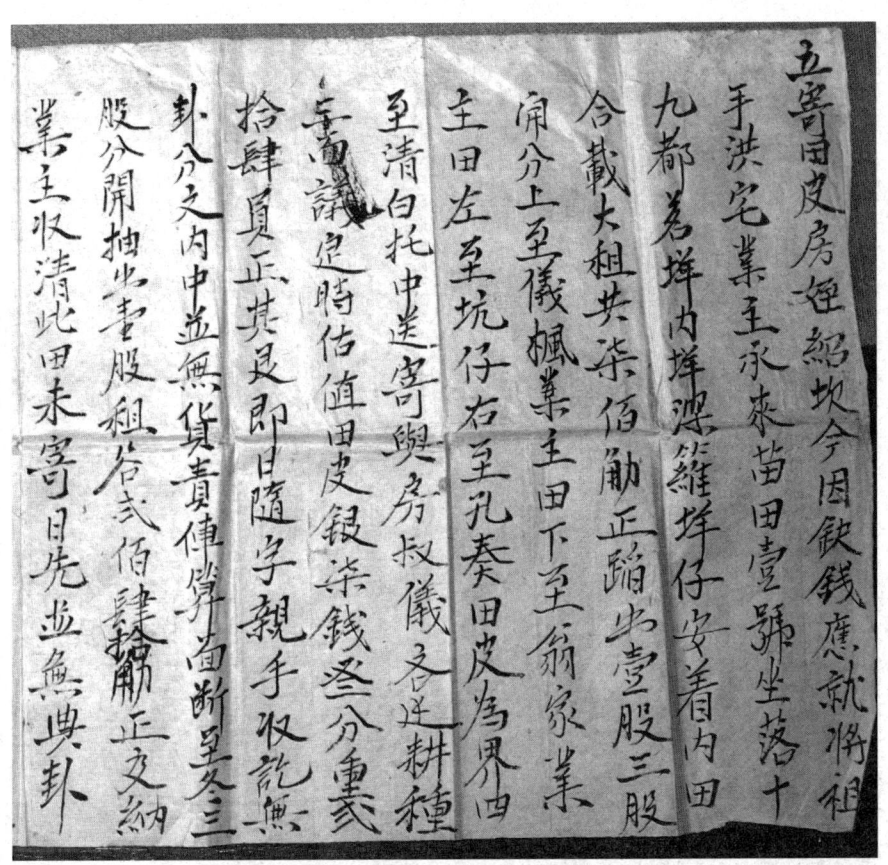

图 2-3-13A　民国七年十二月李绍坎寄田契

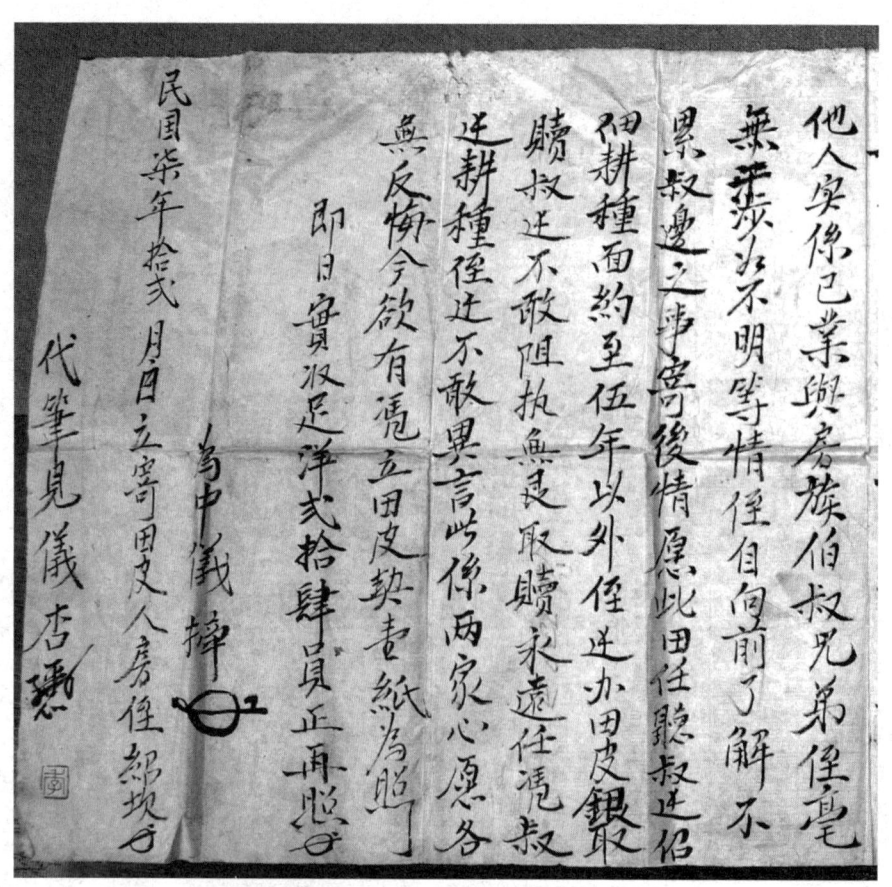

图 2-3-13B　民国七年十二月李绍坎寄田契

31. 民国八年(1919年)五月李绍坎脱退断佃契

　　立脱退断佃人房侄绍坎,今因无银应用祖手业主承来苗田壹号,坐十九都鼎邑茗垟内垟,土名垟仔深萝内安着,上至绍定业主,下至翁家业主,左至溪,右至自己瓣仔田。内中蹈出田大小坵,计共拾贰坵,合载大租贰佰玖拾斤正。每年冬送还洪家业主收清,无欠斤两。托中送脱退与房叔仪各召佃耕种。三面议定,时估出田退佃断价银合足洋叁拾圆正,其艮(银)亲手收讫,无挂分文,内中亦无货物俾算,退断后价足心愿。此田愿与叔边耕种,亦不敢言贴赎,冬成送还业主收清,不累侄边之事。此系两家心愿,各无反悔。今欲有凭,立脱退佃断字壹纸为照。

　　民国捌年[①]五月　　日
　　　　即日实收足洋叁拾圆正,再照(画押)

　　　　　立脱退断佃　房侄绍坎(画押)
　　　　　　　　为中　仪拧(画押)
　　　　　　　　在见　孔侃(画押)
　　　　　　　　代笔　仪杏(画押)

注释

①民国捌年:即1919年。

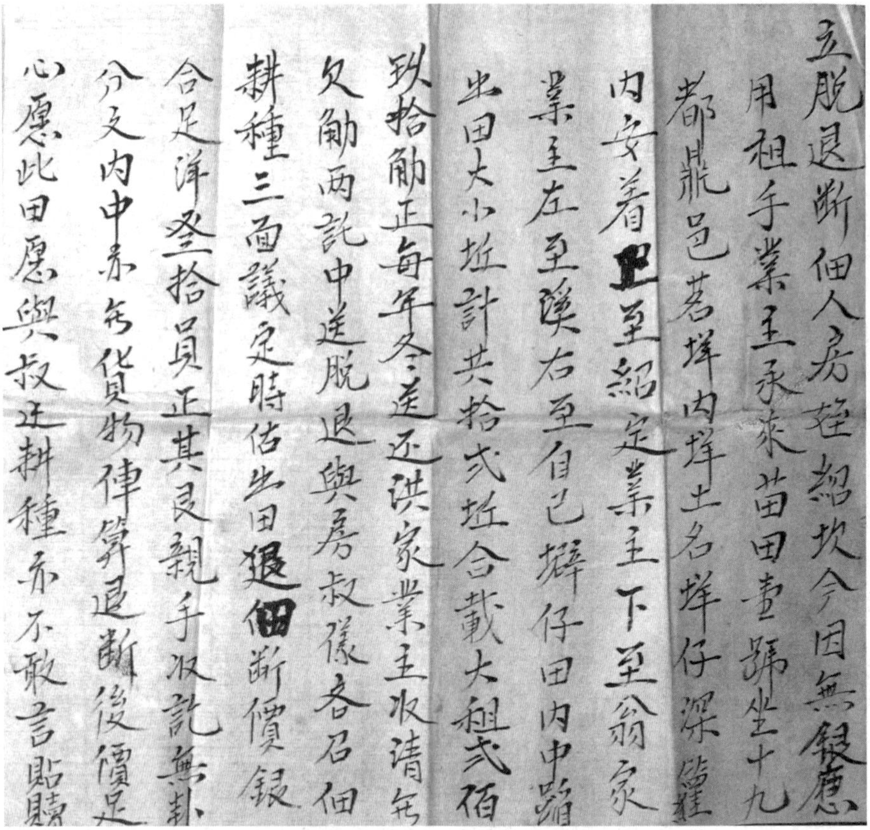
立脫退斷佃人房侄紹坎今因無銀應
用祖手業主承來苗田壹號坐十九
都鼎邑茗垟內垟土名垟仔深籮
內安着上至紹定業主下至翁家
業主左至溪右至自己攤仔田內中踏
出田大小坵計共拾弍坵合載大租弍佰
玖拾觔正每年冬季送还洪家業主收清無
欠觔两託中送脫退與房叔祿各召佃
耕種三面議定時估出田退佃斷價銀
合足洋叁拾員正其艮親手收訖無缺
分文內中亦無貨物準算退斷後價足
心愿此田愿與叔迁耕種亦不敢言貼贖

图 2-3-14A　民国八年五月李紹坎脱退断佃契

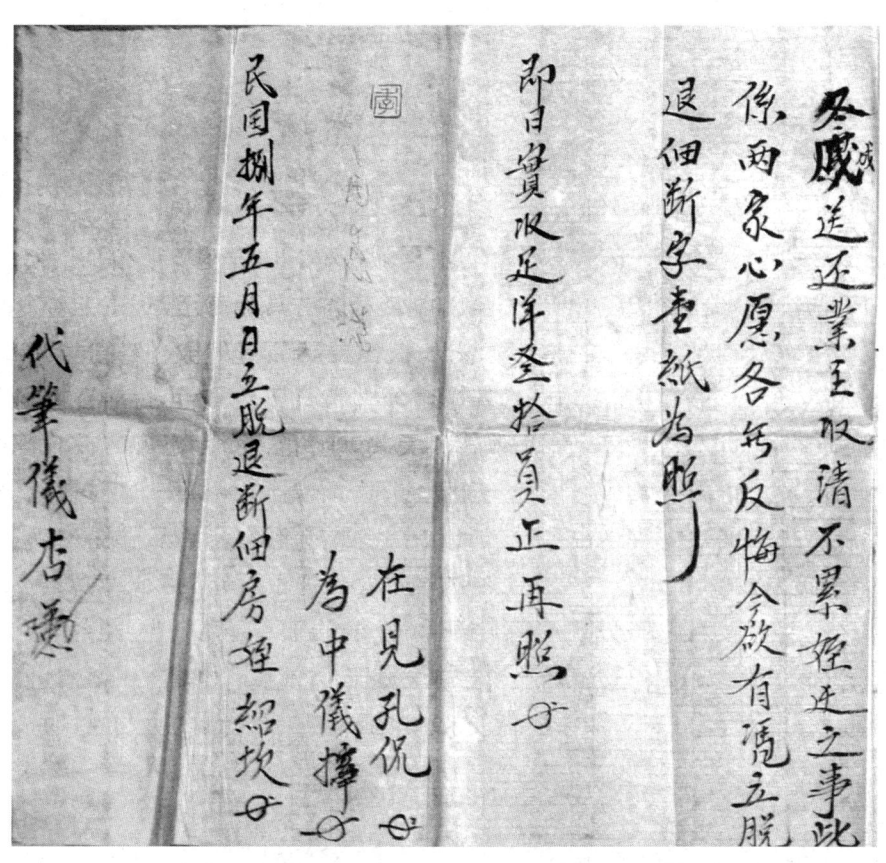

图 2-3-14B　民国八年五月李绍坎脱退断佃契

32. 民国十六年(1927年)十二月李绍叠当山契

立当山场契人堂弟绍叠，今因缺钱乏用，愿将祖父手置山场壹所，阄分己名下，坐落鼎邑十九都茗垟外垟，土名大湖长禃安着。四至列明，上至绍杯山，下至绍吟山，左至仪蝉山，右至牛溷埔为界。三面言定，托中送当与堂兄绍认边，栽插留样为胎，时值当价银柒钱伍分，顺重英洋叁圆伍角正。其山场任听兄边栽插留样，弟边不敢生端异言。面约不拘远近，弟边备出原价取赎，兄边起木还山，不敢阻霸旧契。此系两足心愿，各无反悔。恐口无凭，立当山场契乙纸为照。

    即日实收当山场价银柒钱伍分顺重叁圆伍角正（画押）

民国十六年十二月　　日

    立当山场契人　堂弟绍叠（画押）

     代笔中　堂叔鸿辉（画押）

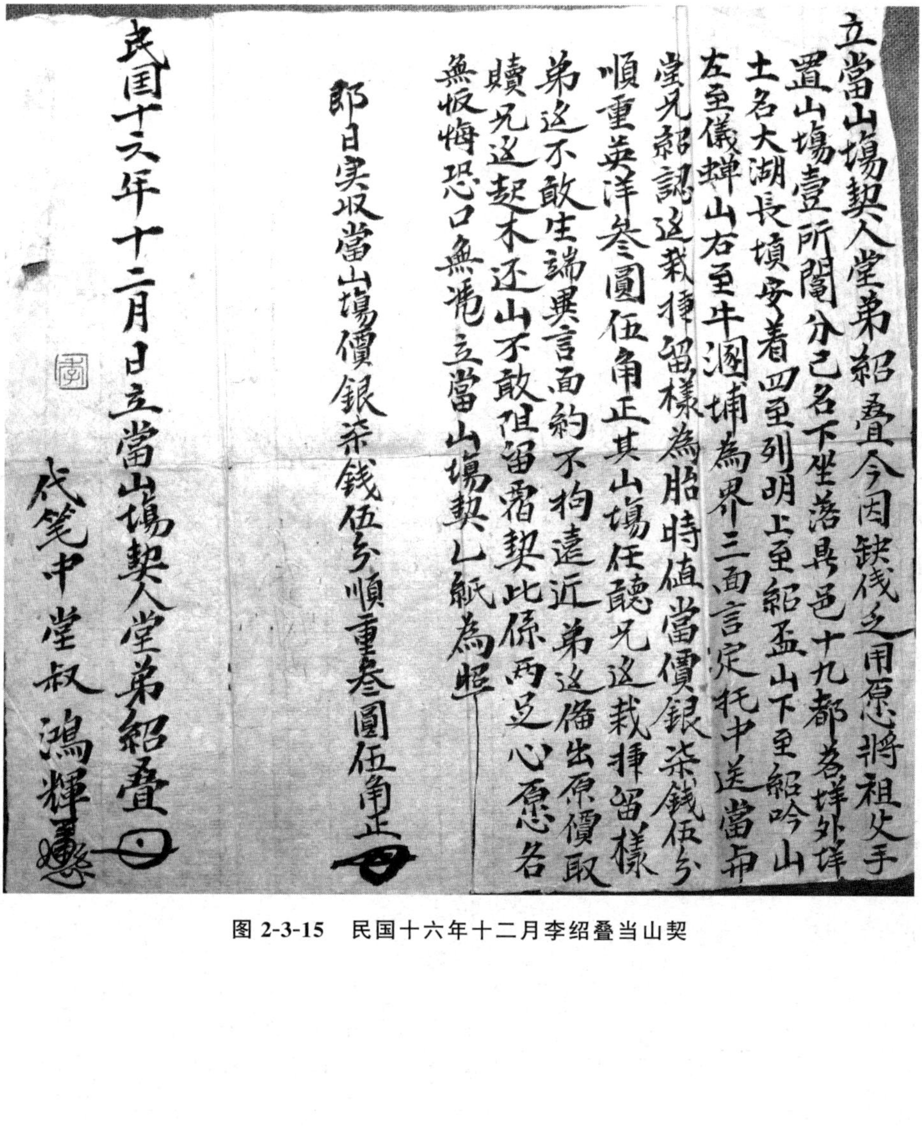

立當山塲契人堂弟紹叠今因缺錢乏用愿將祖父手置山塲壹所闊分已名下坐落具邑十九都峩㟗外垟土名大湖長墳安着四至列明上至船盂山下至船吟山左至儀蟬山右至牛湖埔為界三面言定托中送當布堂兄認这栽種留樣為脱時值當價銀茶錢伍分順重英洋叁圓伍角正其山塲任聽兄这栽摔留樣弟这不敢生端興言面約不拘远近弟这倩出原價取贖兄这契木還山不敢阻留霑契此係兩足心愿各無反悔恐口無凭立當山塲契乙紙為照

即日實收當山塲價銀茶錢伍分順重叁圓伍角正

民國十六年十二月日立當山塲契人堂弟紹叠 ㊞

代笔中堂叔鴻輝 ㊞

图 2-3-15　民国十六年十二月李绍叠当山契

33. 1952年3月土地房产所有证

土地房产所有证
福建省福鼎县土地房产所有证　　鼎透字第05275号

　　第　区分关乡(镇)茗垟村居民李孔核、李温民、李阿某、李谭氏，共四口。依据《中国人民政治协商会议共同纲领》第二十七条[保护居民已得土地所有权]暨《中华人民共和国土地改革法》第三十条[土地改革完成后由人民政府发给土地所有证]之规定，确定本户全家/本人所有土地共计可耕地伍段(丘)伍亩伍分，非耕地伍段(丘)叁亩捌分壹厘，房产共计房屋壹半间，地基贰段(丘)亩 分伍厘毫，均作为本户全家/本人私有产业，有耕种、居住、典卖、转让、赠与、出租等完全自由，任何人不得侵犯。特给此证。
　　县长：荆利九

　　计开
　　土地

坐落	种类	地名	原田地习惯单位数	折市亩数	四至	长宽尺度
茗垟	田	垟头湖	壹仟伍佰株	壹亩壹分	东路　西林进概田 南路　北沟	
茗垟	田	上庄尾	壹仟柒佰株	壹亩叁分	东李□□田　西路 南沟　北路	
茗垟	田	上庄尾	壹仟叁佰株	贰亩五肆	东沟　西傅如安田 南杨义川田 北赖时能田	

茗垟	农	后垵	伍佰伍拾株	肆分贰厘	东李孔横农　西路 南李绍恩田 北李孔横农	
茗垟	农	顶厝仔	壹佰伍拾株	壹分贰厘	东李绍七田　西路 南李盛□农 北李盛□厝	
茗垟	山	卑斗仔		壹亩捌厘	东李绍龙山 西李绍龙山 南李绍起山 北李仪来山	长拾丈 宽捌丈
茗垟	山	长岗		壹亩伍厘	东李孔规山 西李盛□山 南李孔绍山　北坑	长玖丈 宽柒丈
茗垟	山	内胡尾		壹亩叁叁	东岗头　西荒坡 南李孔横山 西李绍针山	长拾丈 宽捌丈
茗垟	山	牛栏		叁分叁厘	东荒坡　西荒坡 南李孔响山 北荒坡	长伍丈 宽肆丈
茗垟	山	老柴内		贰厘	东溪　西李绍□ 南沟　北李绍整山	长壹丈 宽壹丈

房产

座落	种类	间数	原地基单位数	折市亩数	地基四至	长宽尺度

茗垟李厝	平房	壹		叁厘	东李孔绍厝 西滴水 南李孔核厝 北滴水	长壹丈贰尺宽壹丈
茗垟李厝	平房	2/3		叁厘	东孔梅厝 西滴水 南李绍分厝 北李孔核厝	长壹丈陆尺宽壹丈

一九五二年三月发

34. 1952年3月土地房产所有证

土地房产所有证
福建省福鼎县土地房产所有证　鼎透字第05276号

　　第　区分关乡(镇)茗垟村居民李孔核、李温民、李阿某、李陈民,共四。依据《中国人民政治协商会议共同纲领》第二十七条[保护居民已得土地所有权]暨《中华人民共和国土地改革法》第三十条[土地改革完成后由人民政府发给土地所有证]之规定,确定本户全家/本人所有土地共计可耕地捌段(丘)壹亩四分,非耕地贰段(丘)陆分伍厘,房产共计房屋□间地基 段(丘)亩□分□厘□毫,均作为本户全家/本人私有产业,有耕种、居住、典卖、转让、赠与、出租等完全自由,任何人不得侵犯。特给此证。
　　县长:荆利九

　　计开
　　土地

座落	种类	地名	原田地习惯单位数	折市亩数	四至	长宽尺度
茗垟	山	黄埕		肆分	东陈德厝　西李孔搬山　南沟　北岗头	长捌丈宽叁丈
茗垟	山	偏脚		贰分伍厘	东□□　西庆间　南□□□　北岗头	长伍丈宽叁丈
茗垟	农	企坑	叁佰株	贰分叁厘	东陈□□山　西溪　南路　北李盛伟山	

茗垟	农	大坪	贰佰伍拾株	壹分玖厘	东李□□农 西李盛□田 南沟　北治整山	
茗垟	农	牛连	肆佰株	叁分壹厘	东岗头　西路 南山　北山	
茗垟	农	坪头湖	叁佰株	贰分叁厘	东山　西路 南沟　北沟	
茗垟	农	大坪脚	贰佰株	壹分伍厘	东路　西溪 南路　北林进概农	
茗垟	农	牛栏	叁佰株	贰厘	东李绍整农 西李绍整农 南李绍整农 西李绍整农	
茗垟	农	老柴	壹佰伍拾株	壹分二厘	东李孔□山　西山 南路　北李绍抹农	
茗垟	农	坪头湖	贰佰株	壹分伍厘	东路　西李孔响山 南路　北李绍门山	

一九五二年三月

参考文献

一、专　著

[1]曹树基、刘诗古：《传统中国地权结构及其演变》，上海：上海交通大学出版社，2014年。

[2]陈支平主编：《福建民间文书》，桂林：广西师范大学出版社，2007年。

[3]福鼎县地方志编纂委员会编：《福鼎县志》，福州：海风出版社，2003年。

[4]福建师范大学历史系编：《明清福建经济契约文书选辑》，福州：福建人民出版社，1997年。

[5]傅衣凌：《福建佃农经济史丛考》，私立福建协和大学中国文化研究会，1944年。

[6]高雄市立历史博物馆编：《大地之约：台闽古书契》，高雄：高雄市立历史博物馆，2009年。

[7]苗鸣宇：《民事习惯与民法典的互动：近代民事习惯调查研究》，北京：中国人民公安大学出版社，2008年。

[8]前南京国民政府司法行政部编，胡旭晟等点校：《民事习惯调查报告录》，北京：中国政法大学出版社，2000年。

[9]施沛生编：《中国民事习惯大全》第一编，上海：上海书店出版社，2002年。

[10]谭抡编：嘉庆《福鼎县志》，嘉庆十一年刊本。

[11]杨国桢：《明清土地契约文书研究》，北京：人民出版社，1988年。

[12]张先清、董思思编著：《太姥石刻文书》，厦门：厦门大学出版社，2016年。

二、期刊文章与学位论文

[1]陈进国:《风水信仰与乡族秩序的议约化——以契约为证》,《中国社会经济史研究》2004年第4期。

[2]陈胜强:《中人对清代土地绝卖契约的影响极其借鉴意义》,《法学评论》2010年第3期。

[3]刁统菊:《对红山峪村16张地契的民俗学解读》,《民俗研究》2005年第3期。

[4]董乾坤:《徽州民间账簿及其产生的社会机制——以"胡廷卿账簿"为例》,《安徽大学学报》2017年第6期。

[5]范金民:《"草议"与"议单":清代江南的田宅买卖文书的订立》,《历史研究》2015年第3期。

[6]傅衣凌、陈支平:《明清福建社会经济史料杂抄(续一~续十)》,《中国社会经济史研究》1986年第1期~1988年第3期。

[7]李祝环:《中国传统民事契约中的中人现象》,《法学研究》1997年第6期。

[8]林祥瑞:《福建永佃权成因的初步考察》,《中国史研究》1982年第2期。

[9]林祥瑞:《清代前期福建地主经济的若干特点》,《历史研究》1985年第1期。

[10]林祥瑞:《永佃权与福建农业资本主义萌芽》,《中国史研究》1985年第2期。

[11]刘凤:《解读风水契约,理解风水信仰——对福建地区买卖坟地契约的解读》,《安徽文学》2009年第1期。

[12]毛永俊:《古代契约"中人"现象的法文化背景——以清代土地买卖契约为例》,《社会科学家》2012年第9期。

[13]王日根:《清至民国建瓯土地契约文书中的经济关系探微》,《中国经济史研究》1990年第3期。

[14]王帅一:《明清时代的"中人"与契约秩序》,《政法论坛》2016年第2期。

[15]吴欣:《明清时期的"中人"及其法律作用与意义——以明清惠州地方契约为例》,《南京大学法律评论》2004年春季号。

[16]杨国桢:《闽南契约文书综录》,《中国社会经济史研究》1990年增刊。

[17]杨志芳:《清代、民国云南买卖契约中"第三方群体"研究》,《思想战线》2007年第5期。

[18]郑丹群:《近代中国民事习惯中的土地买卖与继承》,郑州大学硕士学位论文,2010年。

[19]郑振满:《明清时期闽北乡族地主经济》,厦门大学硕士学位论文,1984年。

[20]周玉英:《从清代福建土地典卖看农村阶级关系》,《福建师范大学学报》1992年第3期。

[21]周玉英:《从文契看明清福建土地典卖》,《中国史研究》1999年第2期。

三、族　谱

[1](潋城)《杨氏族谱》,1984年修。
[2](赤溪)《杜氏宗谱》,1944年修。
[3](贯岭)《王氏宗谱》,1880年修。

后　　记

　　《太姥民间文书》是近期由福鼎市政协与厦门大学人文学院专家团队计划合作推出的大型地方文化工程——"太姥文化研究资料丛刊"的一种，其主要用意是针对福鼎地方存在的民间契约文书进行初步的调查摸底与整理，从而既为太姥文化研究积累更多的一手资料，也能有助于推动社会各界关心民间文书这一乡土文化遗产的保护工作。

　　收录在本书中的80多份契约文书虽然数量不多，但都是研究团队在田野调查中直接获得。其中，赤溪杜家文书的发现是在2016年暑假，当时笔者带领厦门大学人类学与民族学系研究生到有着"中国扶贫第一村"之称的福鼎赤溪村进行为期七周的人类学田野实习，期间住在村民杜家资老人家中。杜先生为人朴实，热诚好客，是村中受人尊敬的长者。在田野调查过程中，他给予了我们不少帮助，同时也和师生们结下了情谊。当然，杜先生也成为了我们在赤溪田野的一个主要报道人，他为我们提供了许多有关赤溪村的地方知识。记得有一次晚饭后闲聊，我询问杜先生家中有没有收藏一些族谱、契约之类的民间文书资料。其实当时我并没有抱很大的希望，因为与闽东地区一些传统村落不同，赤溪村是一个重组的移民村，村民们主要搬迁自周边贫困山区，村落的历史并不长。但令人惊喜的是，杜先生马上告诉我说有的。隔天他即向我们展示了他收藏的一套民国版《杜氏宗谱》以及数十份家族契约文书，这些文书时间最早的可以追溯到清代雍正年间，最近的则延续到1987年，主要为田地、山林、房屋买卖契据。我们随即对这部分契约资料进行了翻拍。同样，潋城杨家文书的发现也是因为一次田野调查，2015年起，笔者和福鼎市政协合作开展太姥文化研究工程，期间在时任福鼎市新闻中心白荣敏主任的陪同下，田野调查队一行到潋城古堡开展田野工作，由此结识了热心潋城文化遗产保护的杨有飞先生。在杨先生家中茶叙时，我同样询问杨先生家中是否有收藏族谱、契约文书，不意杨先生即起身取出家中所藏的数十份契约文书，展读之后，欣喜不已，因为这部分契约文书共有26份，时间跨度从清代雍正年间直到1983年，内容涉及山林、田地与房屋交易，令人高兴的是，因为杨氏宗族是潋城堡寨的主要建设者之一，因此这部分契约文书是今人考察潋城这一明代中后期兴建的海防堡寨聚落演变的重要资料。而贯岭李家文书的发现则要归功于白荣敏先生。荣敏是作家，但对福鼎乡土历史有着浓厚的兴趣与独到的研究，出版了多部书籍。我们在开展太姥文化研究课题中密切合作，结下了亦师亦友般的友情。他知道我们计划推出一本福鼎民间契约文书专辑，就多方打听当地的契约收藏情况，终于得知贯岭李步进先生家中收藏有一批家族契约，田野调查团队即前往李先生家，经查阅，这批契约文书共34份，时间跨度从清代嘉庆年间直到1952年，类别也是集中在山林、田地及房屋买卖等方面。

上述三部分契约文书，由于是田野调查过程中直接来自三个普通家族的一手收藏，因此具有一定代表性，对于我们认识清代以来闽东地区的社会经济文化状况方面是重要参考资料。而在整理这批民间文书过程中，我们深刻认识到目前闽东地区民间应当还保存着大量的此类民间契约文书，亟需研究者继续跟进，进行更为系统的搜集与整理。因此，这次的研究只是一个开端，我们希望能在接下来的时间里，能与当地各方人士就福鼎地区民间契约文书的搜集、整理进一步合作。在此次契约文书研搜集与研究过程中，如果没有得到契约文书收藏者杜家资、杨有飞、李步进先生的大力支持，这部书稿是不可能完成的。为此我们要特别感谢上述三位先生的帮助。当然，需要说明的是，由于民间契约文书的整理涉及很多方面的知识，加上日久经年，一部分契约文书文字漫漶，也给研究者带来释读上的困难。因此这部书稿只是一个初步的研究，内中讹误之处在所难免，诚恳地盼望方家指正。

张先清　吕珊珊

2018年11月6日

谨识于厦门大学南光楼